インディオの聖像

文◉立花隆
写真◉佐々木芳郎

文藝春秋

インディオの聖像

聖三位一体
H.70cm.（トリニダ）
父なる神、子なる神（イエス）、聖霊なる神（鳩）を一体の像にして、三位一体の教義を即物的に表現している。

グアラニ族は芸術的な民族で、音楽と美術にすぐれた才能を発揮し、大変な数の彫像作品を残した。発想のユニークさと素朴な表現力、彩色の美しさにおいて、この聖三位一体像はインディオの聖像の中の逸品中の逸品といえる。

イエズス会の創始者たち

聖イグナチオ・ロヨラ
H.200cm.
（サン・イグナシオ・グアス）

ロヨラは情熱的な霊的指導者であった。彼に教えを受けた人々はみな心の底から揺り動かされ、世俗的生活を一切捨てて、伝道のために生涯を捧げようとした。その著『霊操』は今もカトリック最高の霊的指導の書とされている。

聖フランシスコ・ザビエル
（サン・ミゲル）

聖フランシスコ・ザビエル
H.190cm.（サン・イグナシオ・グアス）
1506年スペインに生まれる。ロヨラとともにイエズス会を創立する。1541年伝道のためインドに向かう。それから11年間東洋の地にあって、インド、スリランカ、マレーシア、日本に布教し、総計約70万人を改宗させたと言われる。イエズス会最大の伝道者とされる。

聖フランシスコ・ザビエル
H.92cm.
（サンチアゴ）

聖イグナチオ・ロヨラ
H.165cm.（サンタ・マリア）

聖フランシスコ・ボルハ
H.190cm.（サン・イグナシオ・グアス）
1510年スペインの公爵家に生まれカール5世の寵愛を受け、カタロニア総督までになったが、1550年、40歳にして、全財産を放棄して、イエズス会に入った。1565年、イエズス会第3代総長になる。彼のもとイエズス会は世界的に大きな発展をとげる。

聖ロクス
H.150cm.
（サンタ・マリア）

聖フランシスコ・ボルハ
H.130cm.（サンタ・マリア）

⇦14世紀の殉教者。全財産をなげうって、当時のヨーロッパで猖獗をきわめたペストの患者の救済に身を捧げる。ついに自分もペストにかかったとき、彼の忠実な犬が毎日一切れのパンをくわえて届けたという。

立花隆を魅了した聖像たち

聖バルバラ
H.100cm.（サンタ·マリア）
キリスト教迫害中の4世紀初めの殉教者·バルバラが、キリスト教信者であると知った父親から塔（左手に持つ）の中に幽閉された。それでも改心しないため、父親の手で首を切られた。

聖バルバラ
H.70cm.（トリニダ）
カトリック教会では1969年に聖人暦から外している。

ムーア人を蹴散らす聖ヤコブ
H.130cm.（サンチアゴ）
12使徒の一人ヤコブは、スペイン伝道におもむき、はじめてこの地にキリスト教を伝えたとされている。その墓がスペイン北西部のサンチアゴ·デ·コンポステラにある。

ヤコブはスペインの守護聖人とされ、ムーア人との闘いでは、馬に乗ったヤコブが天から下ってきてムーア人を蹴散らし、スペインを勝利に導いたとされる。

アシジの聖フランシスコ
H.158cm.
（サン・イグナシオ・グアス）
フランシスコ会の創立者。
イタリア生まれ、
1182年～1226年。

聖ペトロ
H.110cm.（サンタ・マリア）
ガリラヤの漁夫であるペトロはイエス
最初の弟子となるがイエスの捕縛後、
イエスを知らぬと裏切る。
しかしイエスの預言を思い出し
罪の恐ろしさに泣きじゃくる。
後ローマで殉教する。

聖パウロ
H.139cm.
（サンチアゴ）
初めは熱心なユダヤ教
徒として、キリスト教信
者を迫害するが、後に
回心し、キリスト教を世
界的宗教とする基礎を
築く。

聖セシリア
H.104cm.（サンタ・マリア）
2世紀のローマの殉教者。異
教徒と結婚したが、夫を改宗さ
せ、一生処女を貫いた。市の長
官からジュピター神を礼拝する
ことを強制されたがそれを拒
否し、風呂場で一昼夜蒸され
た上、首をはねられた。

聖ルチア
H.85cm.（サンチアゴ）
4世紀の殉教者。イタリアシシリー島生まれのルチアは、彼女の眼の美しさに心を奪われて夜も眠れないと言う青年に、人の心を惑わす眼など欲しくないといって自分の眼をくりぬいて送り届けたと、グアラニ族には伝わっていた。

聖ドミニコ
H.137cm.
（サン・イグナシオ・グアス）
ドミニコ会の創立者。
スペイン生まれ、
1170年〜1221年。

聖セバスチアノ
H.60cm.
（ボガーリン）

聖セバスチアノ
H.184cm.
（サンタ・マリア）

3世紀末の殉教者。ローマ皇帝の近衛兵だったが、キリスト教信者であることがわかると皇帝は怒り、森の木に縛り矢で殺すように命じた。わざと急所を外し、多数の矢でなぶり殺しにせよとの指示だった。

父なる神と三大天使像

大天使聖ミカエル
H.170cm.（サンタ・マリア）
サタンと戦うミカエル。聖ミカエルは
グアラニ・インディオの守護天使。

永遠の父なる神
H.150cm.
（トリニダ）

偶像崇拝が禁じられているキリスト教において、父なる神の像が造られることはきわめてめずらしい。

聖三位一体（側面）
H.70cm.（トリニダ）
カトリックでは十字架やキリスト、マリアなど像そのものを拝んでいるのではなく、それが表現している三位一体の神を信じて崇拝している。これらの像は、むしろインディオにわかりやすく教義を伝える目的のために作られたのだろう。

大天使聖ラファエル
H.130cm.
（サンタ・マリア）

大天使聖ガブリエル
H.110cm.
（ヘスス）

グアラニ・バロック彫刻で見るイエスの生涯

大天使聖ガブリエルの受胎告知
H.130cm.（サンタ・ロサ）
〈天使は言った。「マリア、恐れることはない。あなたは神から恵みをいただいた。あなたは身ごもって男の子を産むが、その子をイエスと名付けなさい」〉

（ルカによる福音書1.30〜31）

聖告を受けるマリア
H.110cm.（サンタ・ロサ）
〈マリアは言った。「わたしは主のはしためです。
お言葉どおり、この身に成りますように」〉
（ルカによる福音書1.38）

「ロレトの聖母」礼拝堂の壁画
受胎告知像（サンタ・ロサ）
彫像は大天使聖ガブリエルと聖母マリア。
壁画は大天使聖ミカエルと父なる神、天使の軍勢。

父ヨセフの仕事場で大工をする
イエスとそれを手伝う天使の
フレスコ画も同礼拝堂に保存
されている。

被昇天のマリア
H.110cm.
（サンチアゴ）

聖母マリアの無原罪懐胎
H.174cm.（サンチアゴ）
聖母マリアは懐胎の瞬間から原罪をまぬかれていたとされる。足下の蛇は原罪の象徴。

柱の側面にはりつけられていた板絵
H.100×W.35cm.（サンタ·ロサ）
左上·イエス　右上·聖母マリア
左下·聖パウロ　右下·聖ペトロ

イエスの生誕（サンタ·マリア）

イエスの生誕（サンチアゴ）
ベツレヘムの馬小屋におけるイエスの降誕。
羊飼いや東方三博士の姿が見られる。〈家に入ってみると、幼子は母マリアと共におられた。彼らはひれ伏して幼子を拝み、宝の箱を開けて、黄金、乳香、没薬を贈り物として献げた〉
（マタイによる福音書2.11）

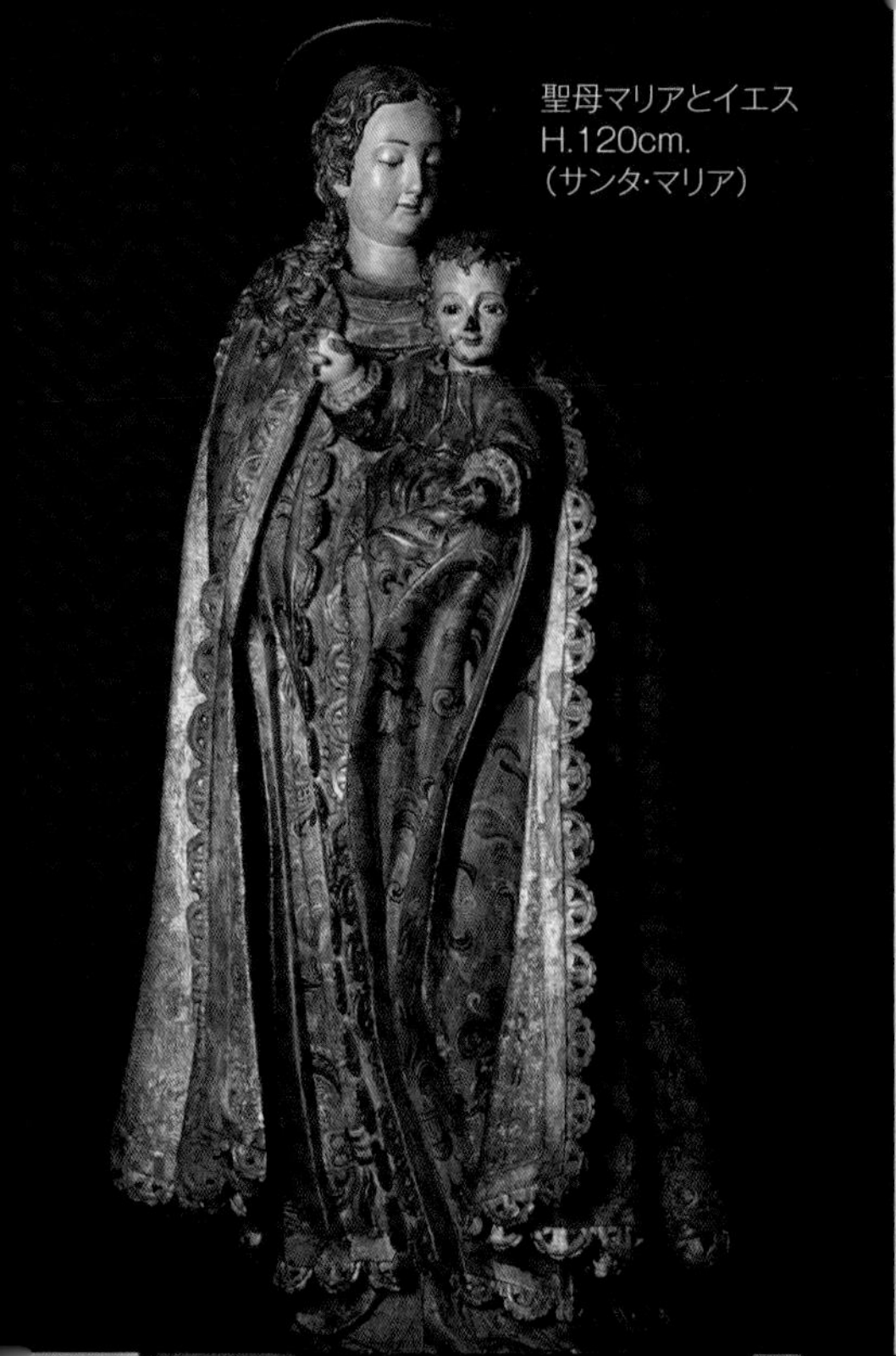

聖母マリアとイエス
H.120cm.
（サンタ・マリア）

聖母マリアとイエス
H.231cm.
（サンタ・マリア）

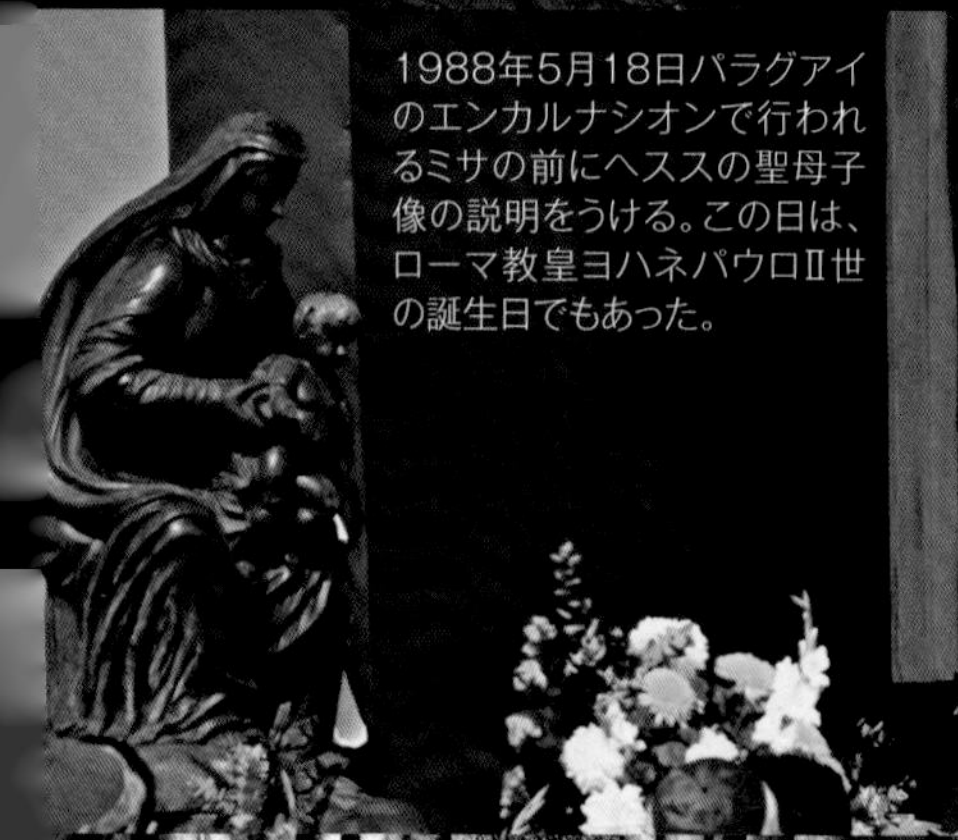

1988年5月18日パラグアイのエンカルナシオンで行われるミサの前にヘススの聖母子像の説明をうける。この日は、ローマ教皇ヨハネパウロII世の誕生日でもあった。

5月17日サンタ・テレシータのミサで先住民の訴えを聞く。このミサのあとローマ教皇に『インディオの聖像』を献本した。

5月16日パラグアイの首都アスンシオンのニューグアス軍事基地につくられた特設ミサ会場にパパモービルで入場するヨハネパウロII世。雨の中10万人が集まった。

①ローマ教皇のミサに選ばれた聖母子像

聖母マリアとイエス
H.100cm.（ヘスス）

②ヨーロッパではなきに等しいイエスを抱くヨセフ

聖ヨセフとイエス
（サン・ミゲル）

幼きイエスを抱く大工の
父ヨセフ（サン・ミゲル）

聖ヨセフとイエス
H.70cm.（サン・コスメ）

聖ヨセフと少年イエス
H.150cm.（サンチアゴ）

聖ヨセフとイエス
H.140cm.（サンタ・マリア）
ヨーロッパでは聖母子像はいくらでもあるが、ヨセフがイエスを抱いている像はなきに等しい。キリスト教で教化される以前のインディオの父権社会においては、聖母マリアはヨーロッパにおけるほど崇められず、むしろ、父ヨセフの存在が強調されたものらしい。

イエスのエルサレム入城
H.107cm.（サンタ・マリア）

バロック様式の祭壇と審判者として表現された10歳の少年イエス
H.104cm.（サン・イグナシオ・グアス）

イエスのエルサレム入城
（サンチアゴ）
〈弟子たちは行って、イエスが命じられたとおりにし、ろばと子ろばを引いて来て、その上に服をかけると、イエスはそれにお乗りになった。大勢の群衆が自分の服を道に敷き、また、ほかの人々は木の枝を切って道に敷いた。そして群衆は、イエスの前を行く者も後に従う者も叫んだ。「ダビデの子にホサナ。主の名によって来られる方に、祝福があるように。いと高きところにホサナ」〉（マタイによる福音書21.6~9）

ゲッセマネの園の祈り
H.82cm.
（サンチアゴ）

最後の晩餐をおえたあと、オリーブ山のゲッセマネの園で苦悶の祈りを捧げるイエス
H.120cm.（サンタ・マリア）
〈「父よ、御心なら、この杯をわたしから取りのけてください。しかし、わたしの願いではなく、御心のままに行ってください」……イエスは苦しみもだえ、いよいよ切に祈られた。汗が血の滴るように地面に落ちた〉

（ルカによる福音書22.42・44）

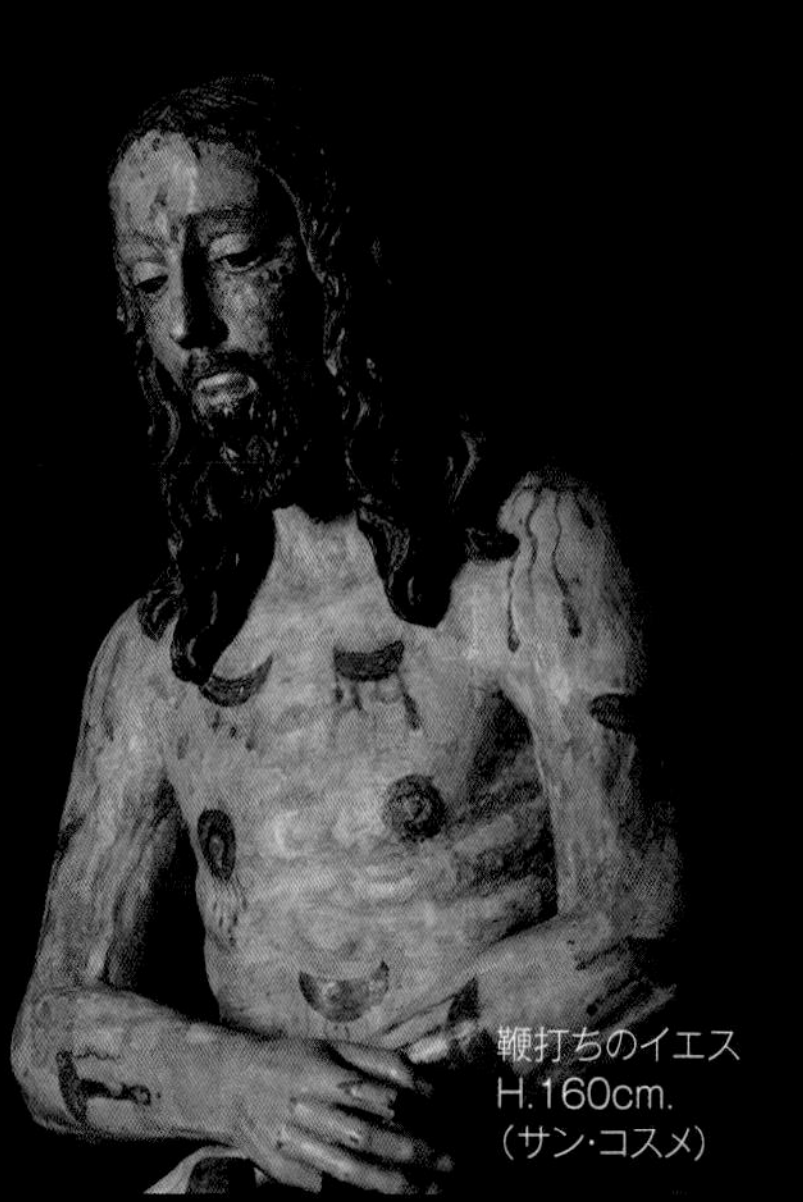

鞭打ちのイエス
H.160cm.
（サン・コスメ）

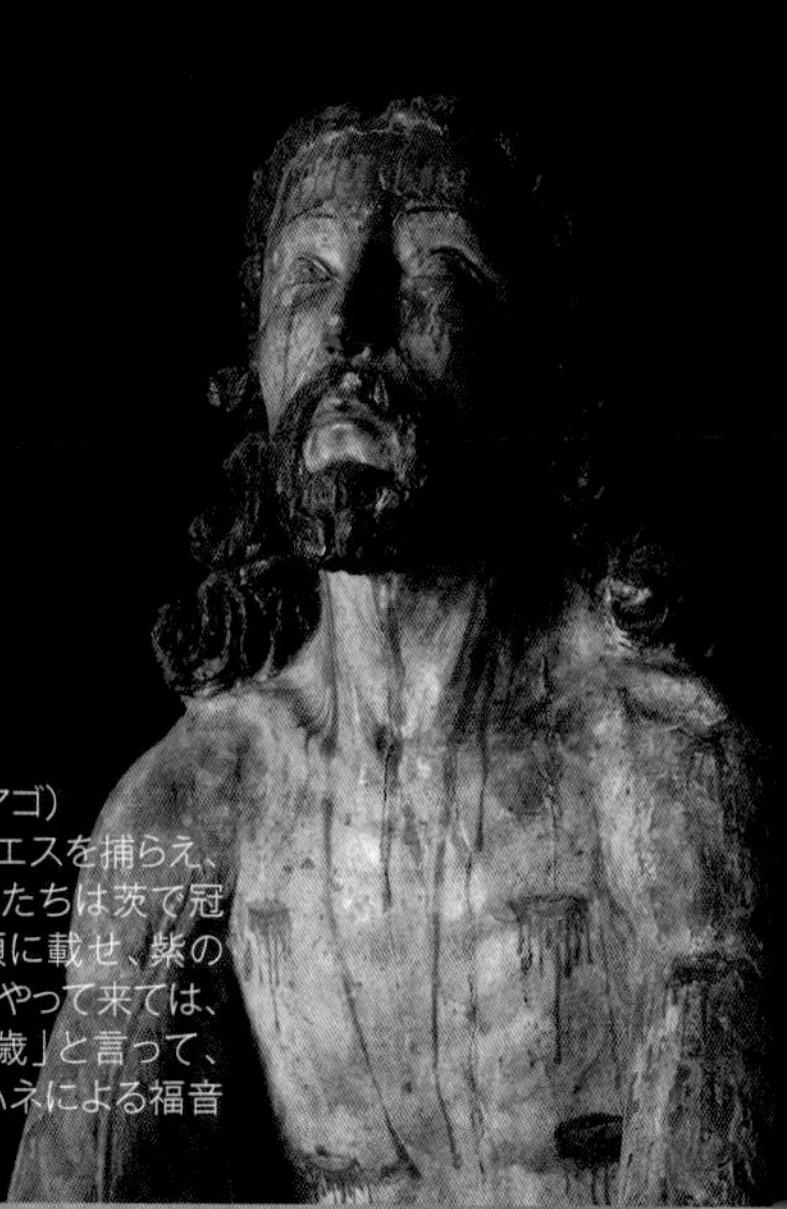

鞭打ちのイエス
H.120cm.（サンチアゴ）
〈そこで、ピラトはイエスを捕らえ、鞭で打たせた。兵士たちは茨で冠を編んでイエスの頭に載せ、紫の服をまとわせ、そばにやって来ては、「ユダヤ人の王、万歳」と言って、平手で打った〉（ヨハネによる福音書19.1～3）

鞭打ちのイエス
H.105cm.
（ボガーリン）

鞭打ちのイエス
H.108cm.（サンタ・マリア）
〈イエスの着ている物をはぎ取り、赤い外套を着せ、茨で冠を編んで頭に載せ、また、右手に葦の棒を持たせて、その前にひざまずき、「ユダヤ人の王、万歳」と言って侮辱した。また、唾を吐きかけ、葦の棒を取り上げて頭をたたき続けた。このようにイエスを侮辱したあげく、外套を脱がせて元の服を着せ、十字架につけるために引いて行った〉（マタイによる福音書27.28～31）

「この人を見よ」
H.160cm.（サンタ・マリア）
〈イエスは茨の冠をかぶり、紫の服を着けて出て来られた。ピラトは、「見よ、この男だ（Ecce Homo）」と言った。祭司長たちや下役たちは、イエスを見ると、「十字架につけろ。十字架につけろ」と叫んだ〉（ヨハネによる福音書19.5~6）

十字架を背負うイエス
H.160cm.
（サンタ・マリア）

〈民衆と嘆き悲しむ婦人たちが大きな群れを成して、イエスに従った。イエスは婦人たちの方を振り向いて言われた。「エルサレムの娘たち、わたしのために泣くな。むしろ、自分と自分の子供たちのために泣け」〉（ルカによる福音書23.27～28）

十字架を担いでゴルゴタの丘に登るイエス
H.145cm.（サンチアゴ）
〈イエスは、自ら十字架を背負い、いわゆる「されこうべの場所」、すなわちヘブライ語でゴルゴタという所へ向かわれた。そこで、彼らはイエスを十字架につけた〉（ヨハネによる福音書19.17～18）

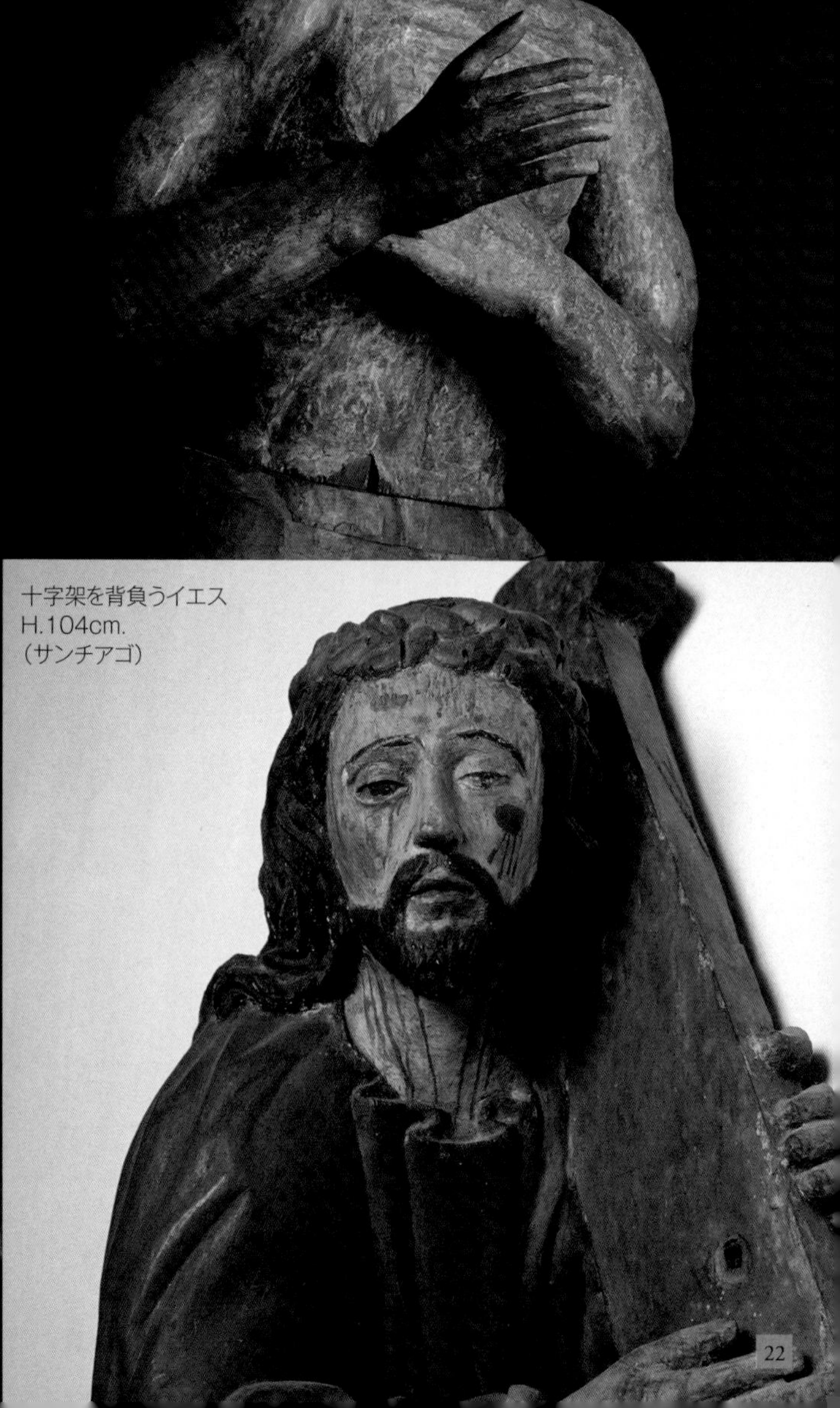

十字架を背負うイエス
H.104cm.
（サンチアゴ）

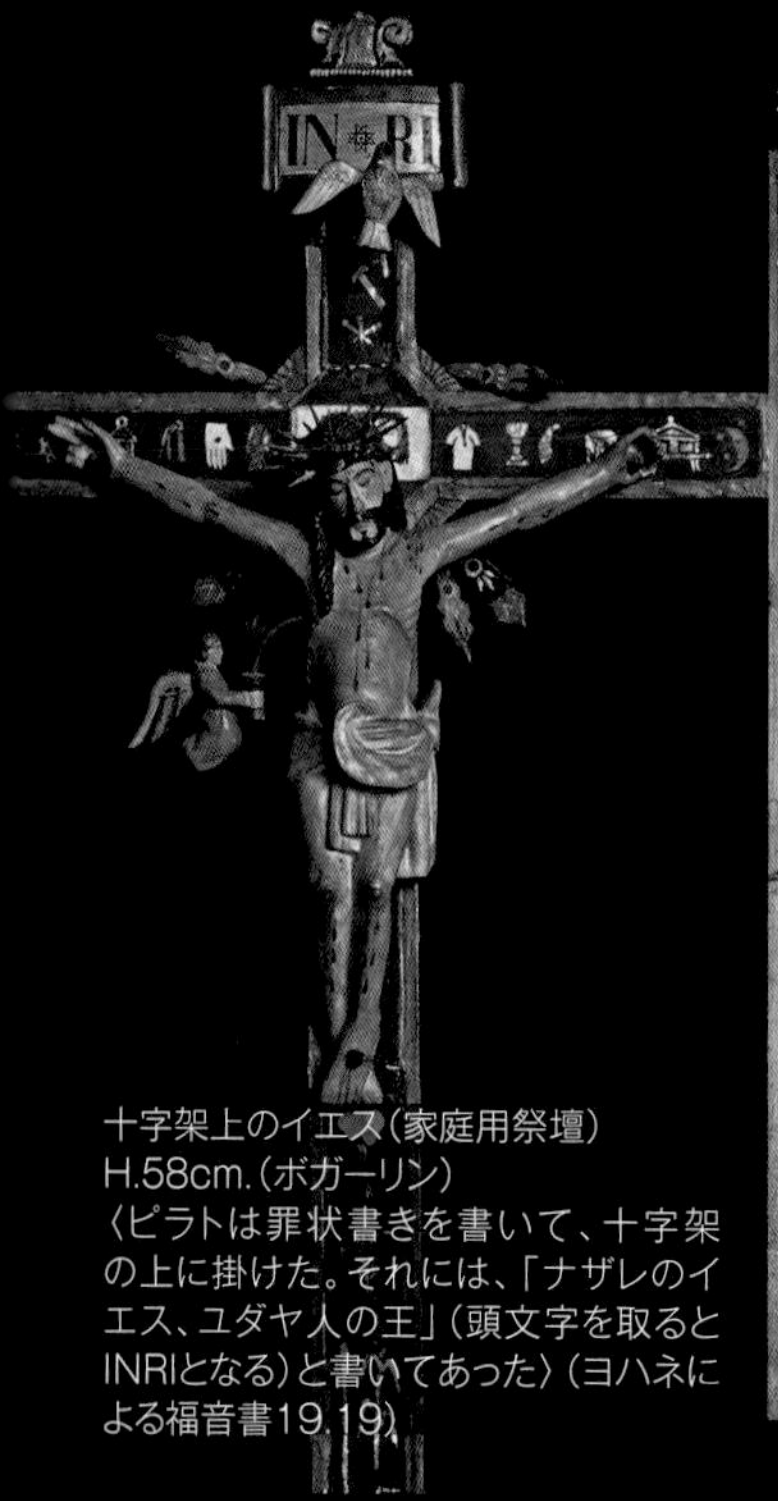

十字架上のイエス（家庭用祭壇）
H.58cm.（ボガーリン）
〈ピラトは罪状書きを書いて、十字架の上に掛けた。それには、「ナザレのイエス、ユダヤ人の王」（頭文字を取るとINRIとなる）と書いてあった〉（ヨハネによる福音書19.19）

樫の木のイエス（家庭用祭壇）
H.63cm.（ボガーリン）
このような小さな祭壇が各家庭に置かれていた。

十字架上のイエス
H.70cm.（サン・コスメ）
〈既に昼の12時ごろであった。全地は暗くなり、それが3時まで続いた。太陽は光を失っていた。神殿の垂れ幕が真ん中から裂けた。イエスは大声で叫ばれた。「父よ、わたしの霊を御手にゆだねます」こう言って息を引き取られた〉（ルカによる福音書23.44〜46）

嘆きの聖母（ピエタ）
H.130cm.
（サンタ・ロサ）

棺の中に横たわるイエス（トリニタ）〈夕方になると、アリマタヤ出身の金持ちでヨセフという人が来た。この人もイエスの弟子であった。この人がピラトのところに行って、イエスの遺体を渡してくれるようにと願い出た。そこでピラトは、渡すようにと命じた。ヨセフはイエスの遺体を受け取ると、きれいな亜麻布に包み、岩に掘った自分の新しい墓の中に納め、墓の入り口には大きな石を転がしておいて立ち去った〉（マタイによる福音書27.57~60）

復活のイエス
H.132cm.（サンチアゴ）
〈イエスは、そこから彼らをベタニアの辺りまで連れて行き、手を上げて祝福された。そして、祝福しながら彼らを離れ、天に上げられた〉（ルカによる福音書24.50〜51）

復活のイエス
H.130cm.
（サンタ・マリア）

世界遺産となった伝道村の遺跡

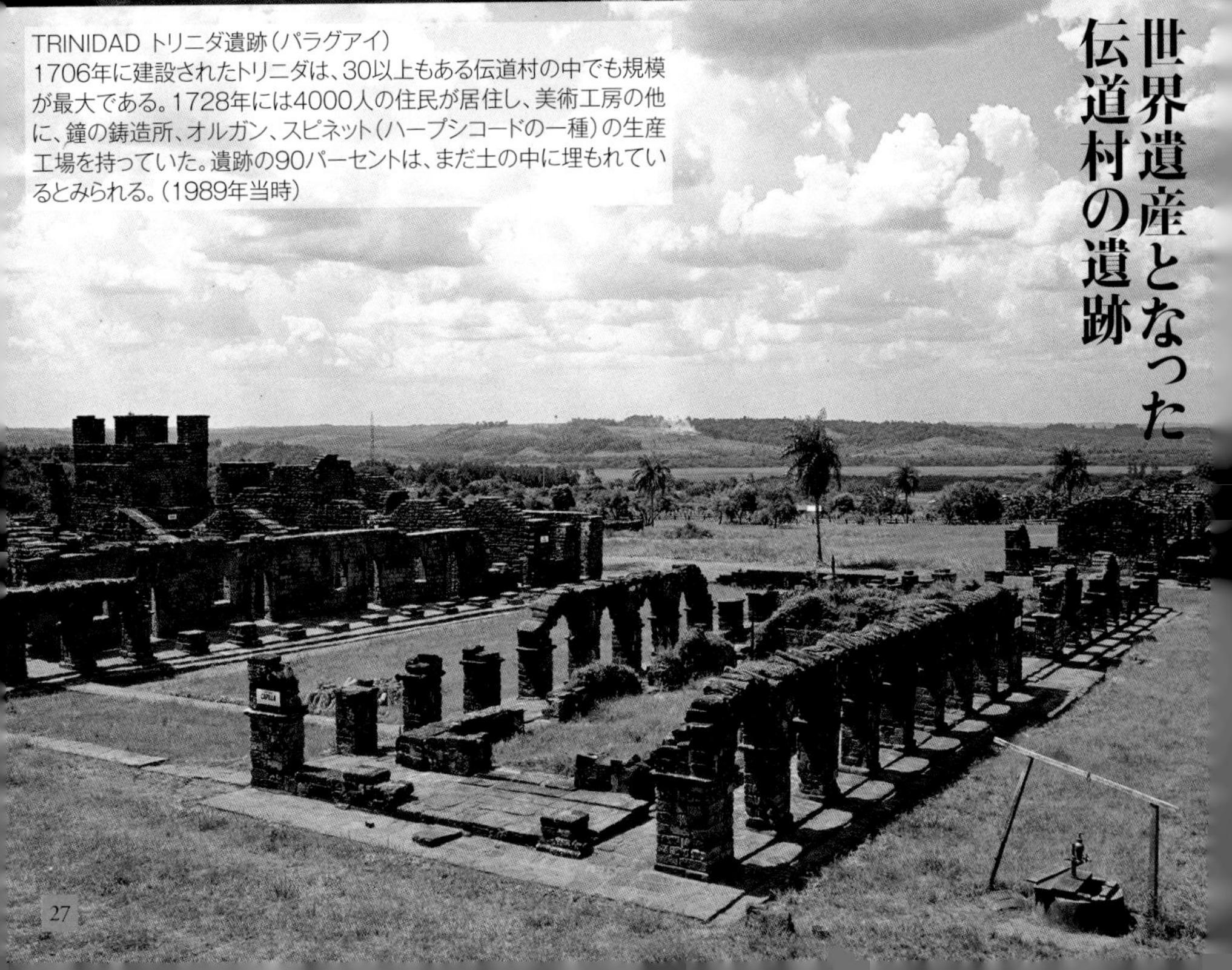

TRINIDAD トリニダ遺跡（パラグアイ）
1706年に建設されたトリニダは、30以上もある伝道村の中でも規模が最大である。1728年には4000人の住民が居住し、美術工房の他に、鐘の鋳造所、オルガン、スピネット（ハープシコードの一種）の生産工場を持っていた。遺跡の90パーセントは、まだ土の中に埋もれているとみられる。（1989年当時）

祭壇側壁上部にある石造りの帯状装飾レリーフ。全部で62の天使がハープ、バイオリン、トランペット、オルガン、ハープシコード等さまざまな楽器を演奏している。

トリニダの出土物保管庫に保存されている、天使の頭と遺跡の破片。

約1500個の破片を集めて修復された説教台。

数メートルおきにあった壁龕には、一つ一つ聖像が置かれていた。当時104あった聖像のうち、現在はわずか15しか残っていない。

トリニダ遺跡の教会堂
教会堂（右奥）は正面が45メートル、奥行き86メートル、高さ25メートルであった。手前は長屋風のグアラニ族の住居跡。住居の軒先に見える連続した石垣のアーチはローマの水道橋を彷彿させる。

SÃO IGNACIO MINÍ サン・イグナシオ・ミニ遺跡（アルゼンチン）

1610年につくられ、最も歴史が古い伝道村の一つである。保存状態がよく、世界遺産に登録されている。18世紀半ばペストの流行で、村人の半数以上が死に、そこにイエズス会の追放が重なり急速に衰えた。

↑下水路跡。伝
村には下水が完
されていた。↓
エズス会のシン
ルマークが記さ
た石碑の断片。

コレヒオ（学校）とクロイスター（回廊）を結ぶ門。

当時描かれたサン・イグナシオ・ミニの全景

1987年のサン・イグナシオ・ミニの空撮による全景

教会堂とクロイスターを結ぶ門。

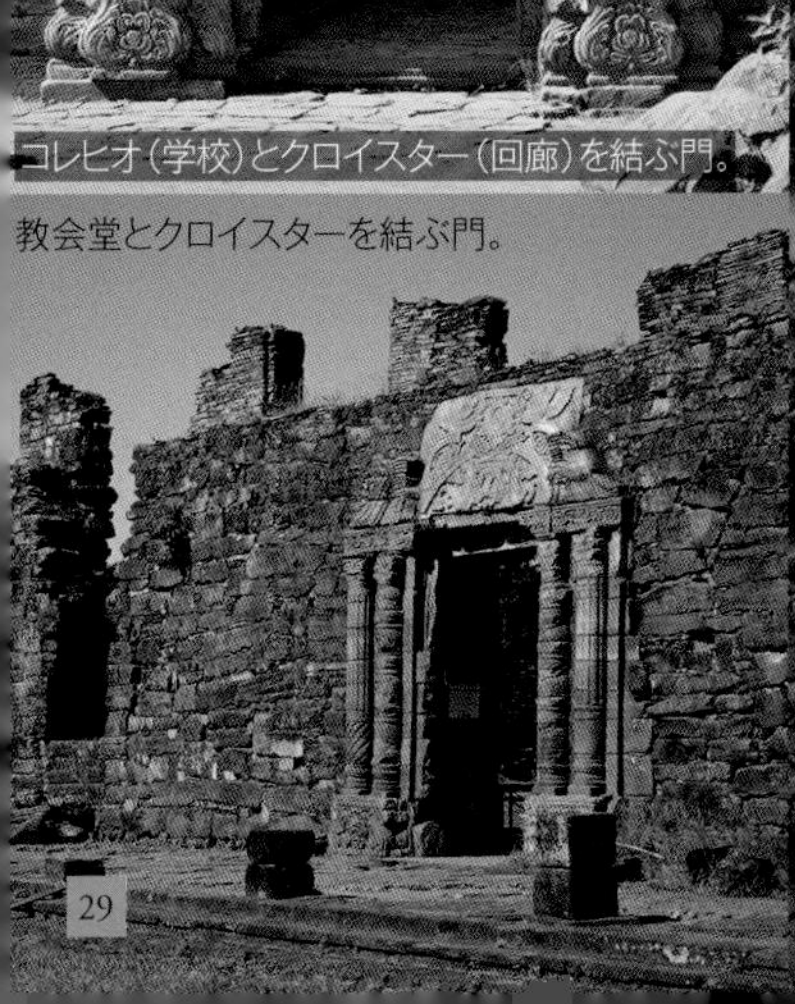

JESÚS　ヘスス遺跡（パラグアイ）
ヘススはトリニダの北西約10キロに位置する。トリニダとは狼煙による連絡が行われていた。ヘススの建築様式はそれまでには見られないシャープに加工された石が、精密に美しく積み重ねられている。1767年、スペイン王カルロス3世の植民地からのイエズス会追放の命令により、建設中の教会堂は未完成のまま終わり、当時の姿のままで保存されている。

小高い丘の上に建設されたヘススを空撮。

教会堂に入る立花さん。入口はムデハル様式（キリスト教の建築とイスラム文化の要素を取り入れた、中世スペインの建築様式）の、アーチの装飾である。

未完成の教会堂

SÃO MIGUEL サン・ミゲル遺跡（ブラジル）
ウルグアイ川の西側（現アルゼンチン領）にあった伝道村が、奴隷商人の襲撃を避けて川を渡り、東側（現ブラジル領）に移って1637年に建設された。映画『ミッション』で登場する遺跡のモデルである。

教会堂側面

教会堂の内部

SAN COSME サン・コスメ遺跡（パラグアイ）
4回の移転を繰り返して、現在の地に落ち着いたのは1760年であった。しかし、大部分が1899年に焼失した。

日時計（左）とコウモリのレリーフ

SANTA ROSA サンタ・ロサ（パラグアイ）
1728年当時、6300人の村人が住んでいたが1883年に教会は焼失。現在は写真の鐘楼と「ロレトの聖母」礼拝堂がある。礼拝堂の中には壁画と聖像が保存されている。

LORETO ロレト（アルゼンチン）
ロレトはイエズス会が南米につくった最初の伝道村であった。最大規模であったにもかかわらず、いまはジャングルの中に埋もれている。

SANTA ANA サンタ・アナ（アルゼンチン）
遺跡はジャングルに飲み込まれていた（下の写真）。左上に見えるのは、当時から使われている墓地。

サンチアゴに残る板絵

この天井板絵は、キリスト教が入ってくる以前のグアラニ族にあった太陽信仰の名残といわれている。教会の天井と柱には数千枚の板絵があったが、現存するのは17枚のみである。下の写真は柱の板絵。

父なる神、子なる神（イエス）、聖霊なる神（鳩）が描かれている（上）。
天使の板絵（中）。
天井板絵（右下）の裏側にも彩色が施されている（左下）。

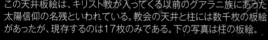

目次

口絵
インディオの聖像 1
イエズス会の創始者たち 2
立花隆を魅了した聖像たち 5
父なる神と三大天使像 8
グアラニ・バロック彫刻で見るイエスの生涯 10
①ローマ教皇のミサに選ばれた聖母子像 15
②ヨーロッパではなきに等しいイエスを抱くヨセフ 16
世界遺産となった伝道村の遺跡 27
サンチアゴに残る板絵 32

I 神の王国イグアス紀行 …… 5
II インディオたちの聖像 …… 31
ラテン・アメリカのキリスト教美術
III インディオの聖像 …… 51
あとがき 佐々木芳郎 …… 155

Yaguaron
Trinidad
Jesús
Iguazú
クリスト・レイ
コレヒオ
アスンシオン
ボガーリン
ジャガロン
2 ROUT
PARAGUAY
フォス・ド・イグアス
イグアス川
C
1 ROUT
パラナ川
パラグアイ川
6 ROUT
12 ROUT
Santa Rosa
サンタ・マリア
サンタ・ロサ
サン・イグナシオ・グアス
ヘスス
トリニダ
サンチアゴ
São Ignacio Miní
B
1609年最初の伝導村
エンカルナシオン
A
サン・イグナシオ・ミニ
サン・コスメ
ロレト
パラナ川
ポサダス
カンデラリア
サンタ・アナ
サンタ・マリア
ラ・マジョール
San Cosme y Damián
※「サン・コスメ・イ・ダミアン」が正式名称
ウルグアイ川
Loreto
サン・ニコラ
ARGENTINA
ミシオネス州
Santa Ana
サン・ロレンツォ
BRASIL
リオグランテ・ド・スル州
サン・ミゲル
São Miguel
●：伝道村と教会　■：現在の都市　▬：河川
ABC：グアラニ族インディオの集落
A
B
C

■『インディオの聖像』渡航スケジュール■

第1回目（1986年12月22日～87年1月11日）立花・佐々木/初の南米取材。

第2回目（1987年7月27日～8月9日）佐々木/再撮影と現地で写真展開催。

第3回目（1988年5月10日～22日）佐々木/ローマ教皇謁見と補足撮影。

第4回目（1989年4月初旬～5月初旬）立花/ＮＨＫスペシャル特番取材。

『立花隆の思索紀行　南米・失楽の５００年』制作。

I 神の王国イグアス紀行

イグアス瀑布の轟音を録音した後の一休み。本来は映画『ミッション』のグレゴリオ聖歌のようなミサを録音して、自主制作のCDレーベルにするつもりだった。撮影の待ち時間には、いつも素材を見つけてはマイクを向けていた。

そもそものきっかけは、『ミッション』という映画である。昨年（編集部注・一九八六年）のカンヌ映画祭で圧倒的支持を集めてグランプリ（同・パルムドール）をかちとった映画である。日本でも間もなく公開になるから、この雑誌が出るころには、あちこちで紹介記事が出ているだろう。

昨年の秋に、この映画の試写を見た。映画会社の人から、

「どうですか？」

ときかれて、

「面白かった」

と答えた。久しぶりに見ごたえがある映画を見たという気がした。

「これ、どうですか？」

ともう一度きかれた。

「日本で当りますか？」

「うーん」

と、私はうなった。

「むずかしいんじゃない、日本では」

「ヨーロッパでもアメリカでも大当りしてるんですがねえ」

と、この映画を配給するヘラルド映画の人は渋い顔をしていった。

といいつつも、彼の表情にはやっぱりむずかしいのかもし

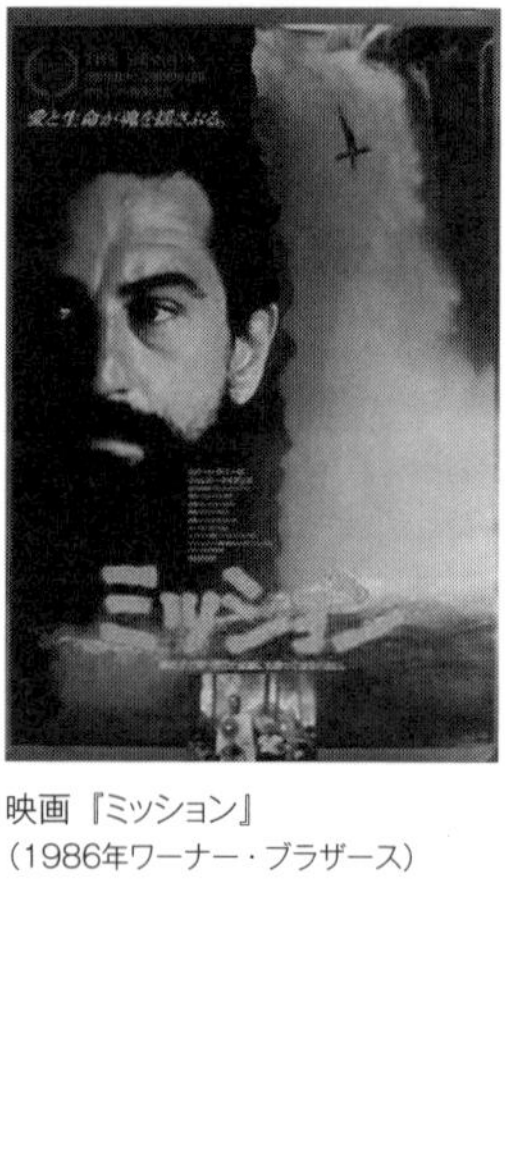

映画『ミッション』
（1986年ワーナー・ブラザース）

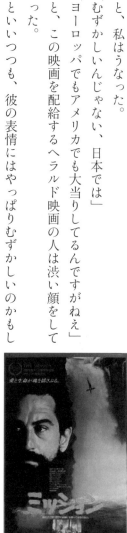

れないという危惧《きぐ》の念があらわれていた。

いくら欧米で大当りしたといっても、この映画は『スター・ウォーズ』とか、『E.T.』といった、誰が見ても楽しめる娯楽大作ではない。スペクタクルな活劇の要素もあるにはあるが、話の本筋はきわめて重いテーマを追っている。力と正義の問題である。不正に対して暴力をもって対決することが正義たりうるのか否か。昔から問われつづけてきた難問が、十八世紀南米のイエズス会の伝道村を舞台に、鮮明な形でもう一度問い返される。

舞台は十八世紀であるが、問いかけはきわめて現代的である。ジャック・クロールは、「ニューズウィーク」の映画評欄で、

「これは、今日においても、日々に南アメリカで、ポーランドで、南アフリカで問われている問題である」

と述べているが、全くその通りであろう。

しかし、いかに現代的な問題性をもっているとはいえ、いかにも硬いテーマである。しかも舞台は十八世紀の南米で、主人公はイエズス会の伝道僧なのだ。日本人にはまるでなじみがない世界である。

だいたい日本では、欧米でいくら大当りをとった映画でも、キリスト教の宗教世界をテーマにしたものは、たいがいこけるのだ。

日本人の九九％の人はキリスト教の何たるかを本質的には知らない。自分では一応知っているつもりの人でも、誤って理解している人が大部分である。

たとえば、「一粒の麦もし死なずば」ということばがある。あのことばの正しい意味を知っている人がどれだけいるだろうか。昔、朝日新聞の「天声人語」で、何であったか忘れたが、一人の少女の善意が沢山の人に支持され広がっていった美談を紹介して、

「一粒の麦は死ななかったわけである」

と結んでいるのを読んで仰天したことがある。これでは意味が正反対である。

聖書の「一粒の麦」の全文は、

「一粒の麦もし死なずば、ただ一粒にてありなん。もし死なば多くの実を結ぶべし」

である。一粒の麦が多くの実を結ぶためには、死ぬことが必要なのである。これは、イエスが自分の死を予見していったことばである。自分が十字架にかかって死ねば、それによって多くの人を救うことができる。しかし、命が大事と死から逃避していたら、自分は一個人のままにとどまり、人を救うこともできないということである。生きることを求めるより、よく死ぬことを求めるほうが正しいということである。

「人その友のために己が命を捨つる。これより大いなる愛なし」というのも同じことである。イエスは一般論を述べているのではなく、自分の死の主体的選択について語っているのである。

イエスがそのようにして自分から死を選択し、十字架にかかって死ぬことにより万人に命を与えた、というパラドックスが、キリスト教の根本教理である。

イエスのあとに従わんとした者は、イエスにならい、神のために命を捨てることをいとわなかった。そのような人々にとって、この世における死は永遠の生にほかならなかった。だから、キリス

ト教の歴史においては、無数の殉教者が出たのである。

キリスト教の強みはそこにあった。キリスト教は弾圧しても弾圧しきれなかった。殺しても殺しても、死を恐れず殉教する者がつづいた。「汝の肉体は殺すことができても、汝の魂を殺し得ぬ者を恐れるな」である。死を恐れない者は強い。キリスト教が三〇〇年間にもわたる大迫害に耐え抜き、ついにローマの国教になることができたのも、この強さがあったからである。そのような死生観を知らないと、この映画も理解できない。

この映画の背景となる時代もまた、殉教への情熱が支配した時期だった。

大航海時代を経て、ヨーロッパは新大陸とアジアへ進出していった。その進出の先頭には、いつも、一群の伝道僧たちがいた。彼らは新しく発見された異教の地へキリスト教を広め、この地上をあまねく教化することが自分たちに与えられた歴史的使命であると考えていた。

そう考えていたのは、伝道僧だけではなかった。大航海時代を開いた航海者たちも、また、航海者を派遣した国王たちも、同じ情熱にかられていたのである。

日本では大航海のモチベーションが、もっぱら経済的利益追求にあったとする歴史教育が行われているが、本当は、宗教的情熱がきわめて大きかったのである。

殉教志願の伝道僧たち

コロンブスは、新世界発見の旅の航海誌を、自分を派遣してくれたスペインのフェルナンド国王、イサベル女王に献呈するにあたり、その序文の中で次のように書いている。

「こうして多くの民が偶像礼拝に落ち、破滅の教義を奉じつづけてきたわけでありますが、両陛下は、カトリック教徒として、またこの聖なる教えを崇信し、これを弘めたもう君主として、さらにまたマホメットの教えや、すべての偶像崇拝や、邪教の敵として、この私、クリストーバル・コロン（クリストファー・コロンブス）を、インディアのさきにのべた地方へ派せられ、彼の地の君主や、人民や、さらにその土地、その模様や、その他すべてを見聞して、彼らを聖なる教えに帰依させることが出来るような方途を探究するようにと命ぜられ、そのためには、従来から通ってきた東の陸地からではなく、今日まで人の通ったことがあるかどうかが確かではない西方から赴くようにと仰せ付けられました」（『コロンブス航海誌』）

すなわち、「彼らを聖なる教えに帰依させることが出来るような方途を探究する」ことが、この大航海の主目的だったのである。

これは必ずしもタテマエだけではない。フェルナンド王とイサベル女王は、長年にわたって異教徒の支配下に置かれていたスペインを解放するために、サラセン人と戦い、ついにそれに勝利した君主として歴史に名を残している。この戦いはレコンキスタ（異教徒征服）の戦いと呼ばれた。コロンブスへの航海許可はそれに勝利した直後の高揚した気分の中で与えられたものなのである。新大陸への進出は、異教徒排撃、レコンキスタの延長上にあった。だから、後に新大陸で異教徒征服に活躍する人々はコンキスタドールと呼ばれるのである。

コロンブスも、この異教徒教化の使命を文字通り大真面目に受け取っていた。だから、新しい島

コロンブスがフェルナンド国王（左）、イサベル女王（右）に宛てた書簡。僕（佐々木）がドミニカ共和国に別の取材で訪れたときに、コロンブス記念灯台の博物館に展示されていたものを発見。

を見つけ、新しい原住民と会うたびに、彼らがキリスト教に教化しうる民族であるかどうかを判断して、「彼らは簡単にキリスト教徒になると思います」などといちいち報告している。

フランスの民族学者、ジャン・セルヴィエは次のように書いている。

「クリストファ・コロンブスは、『新大陸』の岸辺に近づいたとき、『地上の楽園』から程遠くない、『旧約』の『約束の地』に達したと確信していた。彼の確信はきわめて強かったので、従卒として、ヘブライ語とアラム語に通じる、キリスト教に改宗したユダヤ人、ロドリゴ・デ・イエレスを選んだほどだった。この国語は、『約束の地』の、ふたたび見出された『エデン』の住民が話すにちがいないとされていたのである。この航海家は、『地上のすみずみまで〈福音〉がゆきわたることを説く予言は、世の終りを待たずに実現されなければならない、と思いこんでいた。ところがコロンブスにとって、世の終りはもはや遠い将来のことではなかった。このことが起る以前に新大陸の征服、異教徒の改宗、そして〈アンチ・クリスト〉の、粉砕がなされるであろう、と断じていた』」(『ユートピアの歴史』)

いまから考えると、とても正気の沙汰とは思えぬことを、この時代の人々は大真面目に信じていたのである。

そして、新大陸に入っていった伝道僧たちは、異教の地における布教にあたって迫害を受け、殉教するかもしれないことは覚悟の上だった。むしろ、殉教は願うところだった。殉教は聖なる行為であり、殉教者は昇天し、神から祝福されるのである。日本におけるキリシタン迫害のように、多くの地で伝道僧は迫害され、殉教していった。しかし、殺されても殺されても、殉教志願の伝道僧が後につづくのだった。

このような命を惜しまぬ布教の先頭にたったのが、アジアでも新世界でもイエズス会だった。日本にはじめてキリスト教を伝えたフランシスコ・ザビエルもイエズス会である。そして、新大陸には、この映画の主人公のようなイエズス会の伝道僧たちがいたるところにいた。

映画の冒頭、イグアスの滝上流のジャングル地帯で、未開の原住民に捕えられた伝道僧が、生きたまま十字架にはりつけにされ、イグアスの滝の上から落とされるという衝撃的な場面がある。その死を知った仲間の伝道僧が、すぐに今度は自分が奥地に布教に入ることを志願して、滝のそばの岸壁を登りはじめる。

この伝道僧が、映画の主人公となるガブリエルである。ガブリエルのこの原住民教化にかける情熱は、当時の伝道僧たちが持っていた殉教への情熱抜きに理解することはできない。最後の殉教の場面で、ガブリエルはいささかも恐れずひるまず、逡巡せず、死に向って真正面から歩いていく。殉教への情熱がなさしめたわざである。

今回の取材旅行の過程で、偶然にも三人のイエズス会伝道僧が殉教した記念碑を見つけたことがある。その碑文を読んでみたら、一六二八年に三〇歳で原住民のインディオに惨殺されたアルフォンソ・ロドリゲスという伝道僧の碑で、彼は、若いときから殉教することを望み、もっと危険な地に行きたい、もっと危険な地に派遣してくれと司教に頼んだあげく、この地に派遣され、望み通り殉教したとあった。

ブラジル在住のガイド兼ドライバー担当の斉藤信夫さんから、3人の殉教者の説明を受ける立花さん（左）。

サン・ミゲルを訪ねる途中発見した石碑（上）と教会。

映画『ミッション』（1986年ワーナー・ブラザース）

聖体顕示台を持つ聖フランシスコ・ボルハ。

伝道僧たちはなぜ逃げないか

『ミッション』の中のガブリエルの殉教の場面で、ガブリエルは妙なものを捧げ持っている。映画を見ていない人には説明がむずかしいが、まん中が白いガラスの円盤状になっていて、そのまわりに光線を形象化した金属製の装飾があり、上には十字架、下には台座がついている。一見、太陽を模した置物のように見える（右ページ左下写真）。

イエズス会の伝道村（伝道村はミッションと呼ばれた。映画のタイトル「ミッション」はここからきている）に、スペイン・ポルトガルの連合軍が攻めよせてくる。伝道村の内部は、武力抗戦派と、非暴力不服従派とにわかれる。男たちはほとんどが武力抗戦派となり、非暴力不服従派のほうは、ガブリエルの他は女子供と老人たちである。連合軍が火矢をいかける中、一同は教会の前に集まってミサを行っている。部落の家々に火がつき、教会にも火がつく。その中で静かにミサを終えたガブリエルがこの置物を手にとると、一同ひざまずき、これをおがむ。

ガブリエルが置物を胸の前に捧げ持って歩き出すと、一同これに従う。一人が大きなキリストの十字架磔刑《たっけい》像を高くかかげて歩いている。そのまま銃をかまえる連合軍に向って真正面に歩いていく。もちろん丸腰である。やがて、連合軍の一斉射撃がはじまる。人がバタバタ倒れる。残った人はなおもひるまず歩きつづける。ガブリエルも銃弾を受けて倒れる。老人の一人がその置物を拾い、また捧げ持つ。再び一同は銃火に向って歩き出す。クライマックスの場面である。感動的な場面ではあるが、信者でないものには、いら立たしい、見てはいられない場面でもある。逃げろ。なぜ逃げないのか。わざわざ死ぬことはないではないか。女子供をまきこまなくてもいいではないか。早く逃げろ。そういいたくなる。

このときガブリエルが持っているのはモンストランス（聖体顕示台）と呼ばれるものである。彼らはただ歩いているのではない。自殺するために銃火に向って歩いているのではない。聖体行列をしているところなのである。

現在の日本のカトリック教会ではこんなことをしないから、カトリック教徒でもこれが何のことかわからない人が多いにちがいない。

聖体というのは、聖化されたパンとブドウ酒である。

最後の晩餐の席上、イエスはパンをさいてこれを弟子たちにわけ与え、

「取って食べよ。これはわたしのからだである。わたしを記念するため、これからもこのように行いなさい」

といった。次に、ブドウ酒の入った杯をとり、

「みなこの杯から飲め。これは、罪のゆるしが得られるように、多くの人のために流す私の血である」

といって、まわし飲みさせたという故事がある。

これを記念して、パンとブドウ酒を食すのが聖餐である。これはキリスト教において最も重要な儀式とされている。プロテスタントでは、パンは食パンの小片を用いるが、カトリックでは、ホスティアと呼ばれる、小麦で焼いた薄い小さな円盤状の聖餐専用のウェハーを用いる。そして、ブド

ウ酒を飲むのは司祭者が象徴的にするだけで、一同でまわし飲みということはしないほうが多い。

この聖餐に用いられるパンが聖体である。それはキリストの体であるから聖体なのだ。

ところでこの聖体とは何であるか、聖餐とは何であるかをめぐって、昔から神学的論争が何度も繰り返されてきた。

いろいろのバリエーションがあるが、大きくわけると、象徴説と実体説がある。象徴説は、物質的にはパンはパンで、パンがキリストの体というのは、象徴的なものいいにすぎないという説である。それに対して、実体説のほうは、聖餐式の過程で、本当にパンに聖霊が下り、パンがキリストの体に変化するのだというのである。ただのパンが、聖餐式において司祭者から聖別を受けるとキリストの体に変る。これを化体といい、化体が起ることを秘跡という。

これが一応カトリックの伝統的な教義であるが、これに対して、宗教改革がはじまると、プロテスタント側は再び象徴説をとり（教派によって多少ちがう）、カトリック側と大論争を展開する。

これに刺激されて、カトリック内部でも論争が起り、見解を統一するためにトリエント公会議が開かれる（一五四五〜六三年）。この公会議では、反宗教改革の中心となっていたイエズス会が指導権を握り、強い形の実体説が公認教義となった。

「パンとブドウ酒が聖別されることを通して、パンの全実質がわれわれの主キリストのからだの実質に、ブドウ酒の全実質が主の血の実質に変るという変化が起る」

「この尊い聖餐に対し、真の神に当然ささげらるべき尊崇の完全な礼拝が示さるべきである」

「キリストの全体が、パンとブドウ酒おのおののうちに含まれる、それぞれ別個の部分のうちに含まれる」

パンの一片、ブドウ酒のひとすすりの中にも、キリストの全体が含まれているというのである。しかもそれは象徴ではなくて、実質においてそうだというのである。それはキリストの実質的全体なのだから、それを神を礼拝するが如くに礼拝しなければならない。その礼拝も、通り一遍のものでなく、「真の神に当然ささげらるべき尊崇の完全な礼拝」でなければならないというのである。

かくして、聖体礼拝という儀式が誕生する。そのために用いられたのが、この聖体顕示台なのである。この中央部のガラス部分のところに、聖体、すなわち祈りによって聖別された一枚のウェハーをおさめるのである。そしてそれを司祭が捧げ持つと、皆がそれをおがむわけである。公認教義によれば、それは神のシンボルではなくて、神そのものなのである。いわばご神体なのである。偶像礼拝を禁ずるキリスト教にあっては、十字架やキリスト像、マリア像をおがむことはあっても、それはあくまでシンボルをおがんでいるのであって、十字架や像そのものを神としてあがめているわけではなかった。しかし今度は、これが神であるという、神そのものの物質的臨在が実現しているというのである。

一片の聖体の中に神の実質的全体が化体している。だからこれが神だ。これをおがめ。

こんなわかりやすい教理はなかったから、たちまち聖体礼拝の儀式はヨーロッパ中に広まった。そして、単に会堂でおがむだけでなく、聖体の入った聖体顕示台を聖職者が捧げ持ち、それを先頭に行列を作って練り歩き、沿道の人々がそれをおがむ聖体行列という儀式が生まれた。

聖体行列はどんどんエスカレートしていき、聖体顕示台の上に王冠をのせ、儀仗兵と華麗な衣裳をつけた一群の小姓がそれにお伴したり、全宮廷がその後に行列を作って練り歩いたり、あるいは聖体が軍隊を閲兵するというようなことまで行われた。要するに、世俗の王がやることをすべて聖体にやらせたのである。聖体はキリストそのものであり、キリストは、キング・オブ・キングス（王の王）なのであるから、世俗の王が受ける尊崇はすべて聖体も受けてしかるべきであるという考えからきていた。

この聖体礼拝を中心になって推し広めていったのがイエズス会である。だから、ガブリエルの捧げ持つ聖体顕示台はそのようなものとしてあるのである。それは、信者でない人の目には、ただの装飾的な台としか見えないであろうが、信者の目には（少くとも当時の信者の目には）、それは、キリストそのものなのである。キリストがそこに実体をもって現存しているのである。ガブリエルとインディオの信者たちは、キリストがいまそこに彼らとともにあり、ともに歩んでいることを意識しつつ殉教していったことになる。

キリストはこの世では彼らを救わない。この世においては、キリストが無惨に殺されたように、彼らも無惨な死をとげなければならない。しかし、その無惨な死によって永遠の生命をかちとることができる。これが殉教する者の発想である。しかし、こんな発想が、どれだけ日本人にわかるだろうか。もちろん、映画を見るのに、そこまで知る必要はないという考えもあろう。しかし、それを知っていると知らないとでは、一つ一つのシーンの持つ意味がちがってきてしまうのである。

前代未聞の大殺戮が

この映画は実は史実である。フィクションの部分もあるが、ほとんどが実話である。作られたドラマを見るのであれば、ただドラマとして鑑賞すればよいのだが、史実となると話はちがってくる。歴史的背景、宗教的背景を知っておかないと、見てもわからない部分が沢山出てくる。

作者は欧米人であり、欧米人に見せるために、欧米文化の知識を前提として作っている。欧米のカルチャーの中で育った人間なら誰にでもわかることは、簡単なキーワードだけで説明は抜きにされてしまう。そういう部分が大かたの日本人にはよくわからないはずである。そしてそのわからなさの原因がカルチャーのちがいにあるということがわからず、作品のできが悪いのでわからないと思いこむのではないか。これが、この映画は日本ではむずかしいのではないかと私が考えた理由である。

もう一つ例を示そう。インディオたちである。二人の伝道僧とならんで、インディオたちがもう一人の主人公である。

ヨーロッパとの出会いによって、新大陸のインディオたちがどのような目にあわされてきたか、日本ではほとんど知る人もいないが、欧米では、それはあまねく知られている。世界の歴史の中で、最も残虐な、最も血塗られた部分がそこにはある。

コロンブスにつづいて、新大陸で一旗揚げようとする人々がヨーロッパから続々とやってきた。

そして、農場や採鉱場を経営し、労働力としてインディオの奴隷労働を利用した。いうことをきかないインディオは、片端から殺した。

伝道僧たちは、その惨状に胸を痛め、怒り、それをやめさせようとした。しかし、植民者たちの悪行はひどくなるばかりだった。その数々をラス・カサスというドミニコ会修道士が丹念に記録したのが、『インディアスの破壊についての簡潔な報告』（染田秀藤訳・岩波文庫）という本である。それをちょっと引用してみる。

スペイン人が最初に植民したのはエスパニョーラ島（現在のハイチ、ドミニカ）だった。インディオたちは、従順で無欲であったため、たちまちのうちにスペイン人に土地、財産を略奪され、女、子供を奴隷として奪われた。あまりのことに、インディオたちは反抗しようと武器をとる。

「彼らは武装したものの、武器と言えばまったく粗末なもので、したがって、インディオたちの戦いは本国における竹槍合戦か、さらには、子供同士の喧嘩とあまり変りがなかった。キリスト教徒たちは馬に跨がり、剣や槍を構え、前代未聞の殺戮や残虐な所業をはじめた。彼らは村々へ押し入り、老いも若きも、身重の女も産後間もない女もことごとく捕え、腹を引き裂き、ずたずたにした。その光景はまるで囲いに追い込んだ子羊の群れを襲うのと変りがなかった。

彼らは誰が一太刀で体を真二つに斬れるかとか、誰が一撃のもとに首を斬り落せるかとか、内臓を破裂させることができるかとか言って賭をした。彼らは母親から乳飲み子を奪い、その子の足をつかんで岩に頭を叩きつけたりした」

「ふつう、彼らは、インディオたちの領主や貴族を次のような手口で殺した。地中に打ちこんだ四本の棒の上に細長い鉄棒で作った鉄灸《てっきゅう》のようなものをのせ、それに彼らを縛りつけ、その下でとろ火を焚いた。すると領主たちはその残虐な拷問に耐えかねて悲鳴をあげて、絶望し、じわじわと殺された」

「私はキリスト教徒たちが無数の人びとを生きたまま火あぶりにしたり、八つ裂きにしたり、拷問したりしているのを目撃した。その殺し方や拷問の方法は種々様々であった。また、彼らは生け捕りにしたインディオたちをことごとく奴隷にした」

奴隷にした男は鉱山に、女は農場に連れていかれた。しかし、いずれも苛酷な労働と飢え（ほとんど食物が与えられなかった）のために、次々に死んでいった。

結局、エスパニョーラ島には約三〇〇万人のインディオが住んでいたのに、生き残ったのは、わずか三〇〇人だったという。これでは労働力が不足してしまうので、スペイン人たちは、近くのバハマ諸島のインディオを奴隷として連行してきた。バハマ諸島は大小合わせて六〇の島からなり、人口は総計五〇万あったが、生き残りはわずか一一人になってしまった。

同じような残虐な行為が島から大陸全土に広がっていった。

「スペイン人たちは、老若男女を問わず全員インディオたちを生け捕りにし、その穴（先を尖らせ、焦がした棒がいっぱい埋めこんである）の中へ放り込むことにした。こうして、彼らは身重の女や産後まもない女、それに、子供や老人、そのほか生け捕りにしたインディオたちを穴の中へ放り込み、その穴の中は、しまいには串刺しになったインディオたちで一杯になった。ことに、母親とその子供の姿は胸の痛む光景であった。スペイン人たちは残りの人びとを全員槍や短刀で突き殺し、獰猛

Theodor de Bry（1528~1598）
スペイン人はキリストと12使徒を祝して一度に13人のインディオを吊し焼き殺した。

な犬に分け与えた。犬は彼らをずたずたにして食べてしまった」

「その無法者はいつも次のような手口を用いた。村や地方へ戦いをしかけに行く時、彼は、すでにスペイン人たちに降伏していたインディオたちをできるだけ大勢連れていき、彼らを他のインディオたちと戦わせた。彼はだいたい一万人か二万人のインディオを連れていったが、彼らには食事を与えなかった。その代り、彼はそのインディオたちに、彼らが捕えたインディオたちを食べるのを許していた。そういうわけで、彼の陣営の中には人肉を売る店があらわれ、そこでは彼の立会いのもとで子供が殺され、焼かれ、また、男が手

Theodor de Bry (1528~1598)

足を切断されて殺された。人体の中でもっとも美味とされるのが手足であったからである」
「ひとりのスペイン人が数匹の犬を連れて鹿か兎を狩りに出かけた。しかし、獲物が見つからず、彼はさぞかし犬が腹を空かしているだろうと思い、母親から幼子を奪ってその腕と足を短刀でずたずたに切り、犬に分け与えた。犬がそれを食いつくすと、さらに彼はその小さな胴体を投げ与えた」

怒りは歴史そのものへ

読んでいてうんざりするような話が次から次につづく。このようにして、たとえばニカラグアには一〇〇万人以上のインディオがいたのに、五〇〇〇人しか残らなかった。グアテマラでは、四〇〇万から五〇〇万人が殺されたなど、中南米トータルで、四〇年間に一二〇〇～一五〇〇万人が殺されたろうとラス・カサスは推定している。もちろん、これで終ったわけではない。この一〇年後に書かれた『年代記』の中では、殺されたインディオの見積りは四〇〇〇万から五〇〇〇万人にふえている。

いま中南米の国々の中で、アルゼンチン、ウルグアイなど、人口のほとんどが白人という国がある。それは、それらの国々が、インディオを殺しつくした上に建国された国だということを意味する。また、白人と黒人、あるいはその混血でほとんどという（つまりインディオがいないという特徴を持つ）国も沢山ある。これらの国は、やはりインディオを殺しつくしてしまった国なのである。

しかし、インディオを殺しつくしたために労働力が不足し、それをアフリカから運んできた黒人奴隷の労働力で補った国なのである。アフリカから運ばれた黒人奴隷は、少なくとも一〇〇〇万人を超えると推計されている。

ラス・カサスの見積りは、決して過大ではないのである。

ラテン・アメリカの歴史は、このようなインディオ殺戮史の上に築かれている。『ミッション』が背景としているのも、そのような歴史が進行していた時代なのである。

こうした歴史を知ると、映画のクライマックスである、インディオと連合軍の原始的な戦争とそれにつづく女子供の殺戮が、実は一つの事件の描写にとどまらず、白人によるインディオ殺戮のトータルな歴史を象徴するものでもあることが見えてくるだろう。インディオは勇気だけは豊かに持ち合わせていたが、あのように原始的な武器と拙劣な戦法で、いつも白人に無謀な戦いを挑んでは、あっさり近代兵器で全滅させられていたのである。そして、残った女子供は無慈悲に殺されていったのである。

そこを描くためには、映画の中で、戦争はあのように拙劣に戦われ、無惨に敗北しなければならなかったわけである。

もしこれが単なる作りもののアクション映画であるなら、あの戦争場面は不満が残るところだ。インディオの側の戦術があまりに拙劣だからである。あのシチュエーションなら、インディオの側の最良の戦術は、滝の上で待ち伏せることだったろう。いかな大軍といえども、あの大岩壁を登っている間に上から攻撃されたらひとたまりもない。インディオは武器や人数において劣っていても簡単に勝利をおさめられたはずである。あるいは、敵陣に夜しのびこむ場面があるが、あんなことができるくらいなら、道中は長いのだから、毎夜毎夜ゲリラ的奇襲攻撃をかけて、敵を疲弊さすこともできただろう。

この映画が実話をもとにしていることを知らず、史実を知らなければ、あの戦争場面を見たあと、そんな不満が次々にわいてくるにちがいない。

実をいえば、私自身もそうだったのである。いまここではいろいろ映画の背景を講釈しているが、これは、映画を見たあと調べてわかったことで、映画を見た当座は、この映画が実話をもとにしているとは知らず、もうちょっとうまくやればインディオの側が勝てたのに、などと考えていたのである。

だが、インディオが勝ったのでは史実に反してしまう。ラス・カサスが描写していたように、インディオが白人に戦争を仕掛けても、インディオの側の武器は原始的で、戦術らしい戦術もなく、子供のケンカか竹槍合戦のような戦争しか戦えなかったのである。そしてあのように、あっさり全滅させられ、部落の女子供も全員虐殺されるということが、南米全土で繰り返し起きたのである。

あの戦争場面に腹立たしさを感じたら、その怒りは、映画の制作者に対してではなく、歴史に対して向けられなければならない。歴史はあのように不条理であり、あのように無慈悲であったのである。

だがそれにしても、白人たちはどうして、あれほど残虐な行為をインディオに対してなすことができたのか。

それは、一口にいえば、インディオを人間としてみなしていなかったからである。

ローマからやってきた枢機卿を前に、伝道僧たちとスペイン、ポルトガルの植民者たちが、インディオは人間か動物かを論争する場面がある。インディオは人間ではない、人間より劣った動物なのだから、人間の奴隷にして当然だという主張は、現代人にはショッキングなものだが、当時の白人植民者においては、かなりポピュラーな意見だった。

そして、現実に、インディオは人間か動物かという論争が繰り広げられた歴史的事実もあるのである。インディオを人間とみなし、奴隷の境遇から救い、教化の対象としようとする伝道僧たちと、インディオは人間以下の存在だから魂を持たず、教化することは無意味だから、伝道はやめよという植民者が、互いに自分たちの主張をスペイン国王に認めてもらおうと訴え出たために、スペインからわざわざ、インディオが人間か動物かを調査するために調査団が派遣されたこともある。その調査の結果は、現地の多数意見は、インディオは「自由だが獣」として生きるよりも、「奴隷だが人間」として生きたほうがよいというものであったという。

このような時代背景の中で、イエズス会士たちは、現在のパラグアイ、アルゼンチン、ブラジル三国の国境周辺のジャングルに入り込み、そこに住んでいたグアラニ族というインディオを教化し、村を作り、農場や工場まで作ることに成功した。最盛期、一〇を超す伝道村（ミッション）ができて、そこに四万人のグアラニ族が住んだ。現実は、映画よりはるかにスケールが大きかったのである。

現実の伝道村は約一五〇年間にわたって存続し、その間、人間が作った最も理想的なコミュニティとして、ヨーロッパの知識人の注目を浴び、ユートピア思想に影響を与えたばかりか、初期社会主義者にまで影響を与えたという。

しかし、十八世紀半ばにいたって、映画と同じように、伝道村は、スペイン、ポルトガルの両国とローマ教皇庁の三者の思惑のからみ合いの中でつぶされていった。

伝道村がつぶされるとともに住民のインディオは四散し、村は廃墟となった。

「廃墟となったといっても、建物は全部石造りだったので、いまでも遺跡として残ってるんです。それがあちこちにある。どうです、それを探訪する旅というのをやってくれませんか。建物だけじゃなくて、グアラニ族というのは美術の才能がものすごくあって、いい彫刻を沢山残してるんです」

と、配給会社の人が、写真を何葉か見せてくれた。写真を見て気持ちがゆらいだ。私は宗教美術が昔から好きで、かなりよく見てまわっている。しかし、示された写真には、これまでに見たことがない不思議な魅力がただよっていた。思わず食指が動いた。

こうして、昨年（編集部注・一九八六年）の暮れから今年（同・一九八七年）の正月にかけて、ブラジル、パラグアイ、アルゼンチンの三国をまわり、計九ヵ所のイエズス会伝道村の遺跡をカメラマンの佐々木芳郎さんとともにまわってきた（地図2〜3ページ）。

本当は、その旅行記をこの雑誌に書くことになっていたのである。しかし、ごらんのように、旅に出かけるところですでに紙数はつきてしまった。

実は向うについて間もなく、これはとても単発の雑誌記事ですむ仕事ではないということに気がついた。思いは佐々木さんも同じだった。

旅の途中から、佐々木さんと私は、これは写真をたっぷり入れた本を作るほかないという結論に達していた。

十六世紀から十八世紀にかけて、南米のイエズス会の伝道村で、伝道僧から絵画や彫刻の手ほどきを受けたインディオたちは驚くほど豊かな美術作品群を作りだした。それは、ラテン・アメリカ・バロック美術ともいうべき、きわめてユニークで、独特の表現力に満ちあふれた芸術作品である。

そのほとんどは、十八世紀に起きたイエズス会追放と伝道村の崩壊のあと、破壊されたり、持ち去られたりして、散逸してしまった。しかし、近年になって、その価値が再認識され、ユネスコなどを中心として、その保存運動がはじまっている。とはいっても、その価値が認識されているのは一部の専門家の間だけで、一般にはまだその存在すらほとんど知られていないというのが実状である。

私たちも、ほとんど予備知識らしい予備知識を持たないままに現地に入り、そこで、そういった美術作品群に直接出会って驚嘆させられたのである。それはまことに不思議なものだった。

このような文化を生み出した社会が四〇〇年前に南米のジャングルの中に忽然と出現し、一五〇年間の光芒を放ったのち、また忽然とジャングルの中に姿を消したのである。歴史の中に起きた奇蹟といおうか、まるでウソのような話である。

そのウソのようだがほんとの話を信じていただくためには、やはり物を見ていただくほかない。ということで、この旅に出る前に終ってしまった旅行記の筆を置くことにする。あとはどうか、本ができあがったときに読んでいただきたい。

初出　『神の王国イグアス紀行』月刊「文藝春秋」（一九八七年五月号）
出典　『思索紀行　ぼくはこんな旅をしてきた』書籍情報社（二〇〇四年）

Ⅱ インディオたちの聖像

ラテン・アメリカのキリスト教美術

三位一体像を外で撮ろうとした僕に立花さんは「これって日本の百済観音（国宝）を法隆寺の露天で撮るようなものだから、二度と撮れないかもしれない、ありえないよ」。その言葉通り6年後、トリニダ遺跡は世界遺産に登録された。

ジャングルの中のユートピア

イグアスの滝のところで、ブラジル、アルゼンチン、パラグアイの三国は国境を接している。このあたり一帯、イグアスの滝の南部から西部にかけての広大なジャングル地帯に、かつてグアラニ族と呼ばれるインディオが住んでいた。かつて住んでいただけではない。いまも住んでいる。実は、パラグアイという国は、グアラニ族の国である。国民の九五%以上が、スペイン人とグアラニ族の混血である。純粋のグアラニ族もごく少数だが残っており、森の中の居住保護区で、昔ながらの原始的生活を営んでいる。ブラジル、アルゼンチンの国境地帯も事情は同じである。昔ながらにグアラニ族ないしその混血の人々が、それぞれブラジル人、アルゼンチン人として住んでいる。

いまでは三国に分割されてしまっているが、この一帯にかつてイエズス会の伝道村が一種の宗教的独立共和国として栄えていた。

十六世紀の終り頃に、イエズス会の修道士たちがこの地域に入りこみ、グアラニ族の教化に成功した。ジャングルの中で原始的な狩猟採集生活をしていたインディオをキリスト教に改宗させ、西洋文化を教えた。インディオたちはジャングルを切り開いて、石造りの家を建て、教会を作り、学校や工場を作った。農場では穀物、マテ茶、カッサバ、綿花、サトウキビなどが栽培され、牛や羊が飼育された。製粉場があり、製糖所、搾油所、製陶工場などがあり、鍛冶屋もあった。当時のヨーロッパにあった手工業はたいていそこにあった。楽器や時計まで作っていた。この地で作られた

イグアスの滝は、ブラジルとアルゼンチンの国境を流れるイグアス川の下流に位置し、先住民グアラニ族の言葉で「大いなる水」(Y Guazú) がイグアス (Iguazú) となった。最大の滝壺「悪魔の喉笛」他275の滝からなる。

トリニダの教会側から見たインディオ居住区（口絵㉘）。

アルゼンチン・ポサダスにあるアンドレス・グアクラリ考古学博物館には、17世紀の伝道村から発見されたバイオリンの前身にあたる「ラヴェ」と「フルート」、「アルパ（ハープ）」が展示されている。立花さんとパラグアイで探し求めていた当時の楽器は、ここにあった。『幻の帝国―南米イエズス会士の夢と挫折』（同成社）著者の伊藤滋子さんは、アルゼンチン在住時代に、立花さんがパラグアイへ取材にきたという話を聞いていたそうだ。© 伊藤滋子

バイオリンやトランペットなどは、ヨーロッパへ輸出されていた。病院もあったし、トイレは水洗だった（口絵29）。

ジャングルの中に忽然としてヨーロッパなみの文明村が出現したのである。物質文明において進んでいただけではない。精神的には、彼らの社会はむしろヨーロッパより進んでいると、当時のヨーロッパの知識人からみなされていた。

まず第一に、イエズス会士に指導されていたため、彼らはきわめて敬虔なクリスチャンとして生活していた。どの伝道村も、その中心に大きな教会堂があり、そこには教会学校が付属していた。村人たちは、毎朝、毎晩教会に集り、ミサに参列した。どの村にも聖歌隊があり、オーケストラがあった。

経済的には、耕地は全員に平等にわけ与えられたが、多くのものが共同体の共有財産となっていた。家畜や各種の生産施設はすべて共有財産だった。食物や衣服は平等に分配され、みな同じようなものを食べ、同じように着ていた。病人、孤児、寡婦などは共同体によって保護され、生活に困るということはなかった。政治的には、昔ながらに酋長が首長となっていたが、同時に、選挙によって選ばれた議会があり、また、警察長官など、主だった役人も選挙で選ばれた。

豊かな自然の中で、彼らは生き生きと、楽しく、仲良く暮していた。同時代のヨーロッパの社会に見られた貧困、不正、不平等、社会悪、不平不満、階級対立などとは無縁だった。ヨーロッパでユートピアと考えられていたような社会がそこには現出していたのである。この伝道村の生活がヨーロッパに伝えられると、ヨーロッパの知識人たちはこれを理想社会とほめたたえた。その思想的影響は十八世紀フランスの啓蒙主義、十九世紀ドイツのロマン主義、あるいはイギリスの初期社会主義にまで及んだ。

こうした伝道村は、十七世紀初頭から作られはじめ、最盛期には、三〇の伝道村ができ、一つ一つの伝道村は、二〇〇〇人から七〇〇〇人の人口を擁し、全部で十数万人のインディオがそこに住んでいた。

しかし、十八世紀後半、ヨーロッパにおける世俗国家とイエズス会の権力抗争の結果、イエズス会は、南米の伝道村から追われることになり、それと共に、伝道村も滅んだ。イエズス会に代って伝道村を支配しようとした世俗権力に対してインディオたちが反抗し、村を捨てたのである。伝道村の多くは再びジャングルにのまれることになった。

かくしてイエズス会とインディオが作ったユートピアは歴史の中に一瞬の光芒を残して消えていったのである。

最近評判になった映画『ミッション』は、このような歴史を背景としている。それは、一つの伝道村が誕生し消えさるまでの数年間の歴史として描かれているが、実際には、三〇もの伝道村が一五〇年間以上にわたって存続したのである。

それからさらに二〇〇年を経た今日、伝道村の多くは遺跡として残るのみである。ある遺跡はいまでもジャングルの中にのみこまれており、ある遺跡はさびれた村の中にあり、ある遺跡は小さな町の観光名所となっている。

甦る神の王国

私は昨年暮から今年のはじめにかけて、カメラマンとともにブラジル、パラグアイ、アルゼンチンの三国をめぐり、合計一五の遺跡を訪ねることができた。

一つ一つの遺跡が驚きであった。伝道村といっても、それは、綿密な都市計画のもとに作られた一つの都市である。そのようなものが三五〇年前にジャングルの中に出現し、そしてまた消えていったのである。

これら遺跡の価値が再認識され、その発掘と修復、保全などが行われるようになったのはつい最近、一九七〇年代に入ってからのことである。現在、ユネスコと先進国の援助によって、各国でその保全活動がすすめられているが、資金不足のために、なかなか思うようには進んでいないようだ。ちなみに、パラグアイにおいては、坂本重太郎大使が外交官には珍しく文化事業に熱心な人だったために、同国最大の遺跡、トリニダの発掘と修復に、日本から土木機械、輸送機械などが経済援助の一環として提供されている。そのため現地では日本の評判が非常に高く、遺跡の管理人も、我々の撮影に最大限の便宜をはかってくれた。

トリニダの遺跡は、全部で一七ヘクタールもの広さがあり、これまで六年間掘りつづけているが、まだ九〇％は土の下に埋もれているとみられる。写真（口絵27〜28）は、そのごく一部を示すものでしかない。ここには、往時四〇〇〇人もの人が住んでいたのである。いまはこの遺跡のある村に

トリニダ遺跡の中では最も保存状態がよい天使の音楽隊レリーフ（口絵㉘）。

わずか三〇〇人の人が住むのみである。

伝道村はすべてそうだが、中心部に巨大な教会堂が建てられ、その前が大きな広場となっている。その広場を囲むようにして、住民の家や生産施設がたちならんでいた。

トリニダの場合は、その教会堂は正面が四五メートル、奥行き八六メートル、高さは、祭壇上部のドームの部分が二五メートルあった。これだけ大きな教会堂は日本でもほとんどない。

壁の厚さは一・七メートルあり、数メートルおきに壁龕《へきがん》があった。その一つ一つにかつては聖像が置かれていた。祭壇まわりやアプス（後陣）の部分に置かれたものなども含め、この教会堂には総計一〇四の聖像があったと伝えられるが、いまでは、そのうちわずか一五しか残っていない。

グアラニ族は芸術的な民族で、特に音楽と彫刻にすぐれた才能を発揮した。トリニダの教会堂の祭壇側壁上部には石造のレリーフがはめこまれて

回廊や広場をもつ教会堂、神学校、インディオの居住区などの建築様式は伝道村の中で最も美しい。この教会の設計者は、ミラノ出身のイエズス会修道士ファン·バウティスタ・プリモリだった。彼は建築家兼大工でもあり、ブラジルのサン・ミゲル（口絵㉛）も建てた。1756年に亡くなるまで12年間トリニダで働いた。

3Dで再現されたトリニダの教会堂。

遺跡を空撮するために、イグアスの観光ヘリコプターのチャーターを試みたが、観光客が途切れることなく、断念。「ヘリがダメならセスナがあるだろう」と立花さん。ところがセスナ機にはパイロット、通訳、僕と、あと1人しか乗れなかった。「フィルム交換のためにアシスタントを乗せるべき」だと立花さんは辞退。結果的に彼の判断は正しかった。

サンタ・ロサの礼拝堂の壁面に描かれた天使の軍勢（左）、父なる神（中）、大天使聖ミカエル（右）。

フランシスコ会が作ったジャガロン教会天井板絵（左）、サン・コスメ教会にも現存した天井板絵（右）。

いて、そこには、六二人の天使が、ハープ、ギター、バイオリン、クラリネットなど、さまざまの楽器を奏している姿が彫られている（口絵28）。これらの楽器はすべてグアラニ族によって奏されたもので、当時、伝道村ごとに特産の楽器があり、それが交易されていたという。トリニダには、オルガンとハープシコードの製造工場があった。

グアラニ族の驚くべき才能

グアラニ族はまた、美術においてもすぐれた才能を示した。絵画はほとんど残っていないが、残された断片から、その才能をうかがうことができる。絵画として残された主たる作品は、サンタ・ロサのフレスコによる壁画（口絵12）と、サンチアゴの天井板絵（口絵32）だが、後者は驚嘆すべき作品である。

伝道村の教会堂は、壁は石造ないしレンガ造りであったが、内側に木の柱を建て、屋根と天井は木造になっていた。天井はその全面にわたって小さな長方形に区切られ、そこに一つ一つ写真に示したような絵が描かれていたのである。その様式を現代に遺しているものとして、ジャガロン教会がある（右ページ左下）。その数は数千枚に達したろう。この見事な配色の絵が巨大な教会堂の天井いっぱいに広がっているさまを想像していただきたい。ヨーロッパの石造りの教会の暗く沈んだ空間とは全く別の南国的空間がそこにはあったのである。グアラニ族は好んで太陽を描いているが、そこには、キリスト教が入ってくる以前にグアラニ族の間にあった太陽神信仰の名残りが見られる

サンタ・マリアにある、聖スタニスラス・コストカ（左）、聖ルイス・ゴンザガ（右）。小さい像がヨーロッパから伝道村に持ち込まれたオリジナルで、インディオたちはこれらの作品を模刻した。

グアラニ・バロックの最高傑作、受胎告知像。これを見た立花さん「写真集を作ろう」と決意。

といわれる。

一つ一つの教会に数千枚の天井板絵があったろうというのに、いまも残るのは、サンチアゴ教会付属の博物館にある一七枚のみである。あとは、すべて破壊されたり散逸してしまったりしたのだ。

グアラニ族は、絵画より彫刻により大きな才能を示し、大変な数の作品を残している。しかし、これまた大半は散逸してしまい、ほんの一部が残されているだけである。

絵画と同じように、彫刻もグアラニ独特のものである。彫刻はもともと、イエズス会士が本国から持参した小さな聖像を模刻することからはじまった。サンタ・マリアの博物館には、イエズス会士がヨーロッパから持参したオリジナルの小さな聖像と、それを手本にグアラニ族が作った巨大な聖像とがならべて置かれている（右ページ上）。それを見ると、グアラニ族の基本的な彫刻技術のなみなみならぬ力量を知ることができる。しかし彼らは、ヨーロッパ・オリジナルのレプリカ制作に満足することなく、やがて独自の作品を次々に生み出していくことになった。

キリストの生涯を表わす彫像群

彫刻はすべて聖像である。仏教における曼陀羅のごとく、聖像はキリスト教の教義を民衆に説くためのものとして機能した。そのため、まずイエスの生涯のあらゆるエピソードが彫られた。最初は、受胎告知である。これはヨーロッパ絵画が最も好んだ題材の一つだが、ここではすべて彫像である。その最もすぐれた一例は、サンタ・ロサの教会に残る、大天使ガブリエルと跪いてお告げを

サンチアゴ博物館。テーマごとに部屋が分かれており、イエスの生涯を聖像で見ることができる。

エルサレム入城(右)。ゲッセマネでの苦悶の祈り(左)。鞭打ちされるイエス(中央)「この人を見よ」。

聞くマリアの像（口絵10〜11）に見ることができる。この二つの像が向いあって置かれ、受胎告知の場面を現出する。

このように彫像はしばしば複数で用いられ、演劇的なシーンが演出された。そのような演出がよく見られるのは、ベツレヘムの馬小屋におけるイエス誕生の場面である。聖母子のほかに、祝福に駆けつけた東方の三博士、羊飼いたちなどがそれぞれ彫られ、それに羊や馬も加わる。サンチアゴの教会付属の博物館の場合には、全部で一二体の彫像から構成されている（右ページ上&口絵13）。ロバに乗ってのエルサレム入城。ゲッセマネの園における苦悶の祈り。捕縛されての鞭打ち（右ページ下&口絵20）。茨の冠をかぶされ、ピラトから「この人を見よ」といわれる場面。十字架をかついでゴルゴタの山に登る場面。十字架上のイエス。十字架から降ろされたイエスをマリアが抱いて嘆くピエタの場面（46ページ右下&口絵25）。柩の中に横たわるイエス。復活して昇天するイエスなど、イエスの生涯のすべてが聖像によってたどることができるようになっている。

流血のイエスと父ヨセフの強調

おそらく、これらの聖像を一つ一つ示しながら、神父がイエスの生涯を語りきかせたのであろう。いずれの聖像も、素朴な表現ながら妙な生々しさを持っている。ほとんどが彩色をほどこされ、捕縛されて以後のイエスは、手足や額からおびただしい血を流している。傷口と、そこからしたたり落ちる血は、ほとんど誇張といってよいほどに強調されて描かれている。血を流して苦しむ神とい

ゴルゴタの山に登り、十字架にかけられたのち、マリアに抱かれるイエス（右下）。そして棺に横たわる。

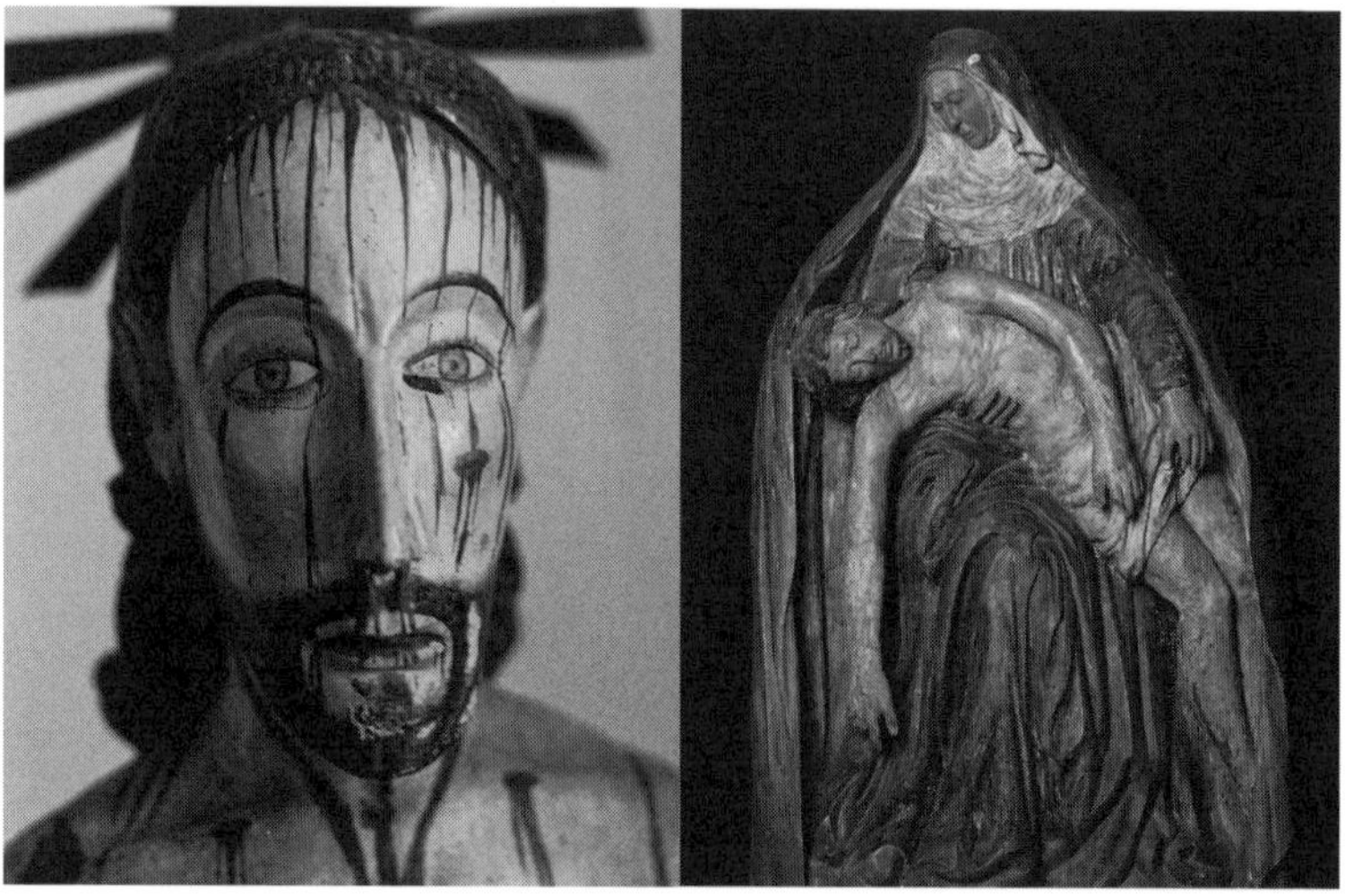

血を流して苦しむ神というイメージが、インディオたちに強い印象を与えたように、立花さんは当初の『インディオの聖像』写真集の表紙に、このイエスの顔のアップを選んだ。

うイメージが、よほどインディオたちに強い印象を与えたようだ（右ページ左下&口絵20～21）。

流血の強調とならんで特徴的なのは、イエスの父ヨセフの強調である。ヨーロッパでは聖母子像はいくらもあるが、ヨセフがイエスを抱いている像はなきに等しい。しかしここでは、幼な子イエスを抱くヨセフの像が沢山登場してくる（口絵16～17）。マリアとイエスの像もあるにはあるが、ヨーロッパとくらべたら驚くほど登場率が低い。

キリスト教で教化される以前のインディオ社会は、一夫一婦制でなく、一夫多妻の社会であり、女性の地位は著しく低かった。娘の嫁入り先を決めるのは父親であり、婚姻はほとんど売買婚に近かった。育児過程において、母子のつながりは薄く、一〇歳前後で、子供は母親から肉体的にも精神的にも独立した。しかし、父親の支配は、男子に対しても女子に対してもずっ

「ヨーロッパではほとんど見られないよ」とイエスを抱くヨセフ像を見つけるたびにくわしく解説してくれた立花さん。何を聞いても知っていたので、これ以降立花さんを「歩く百科事典」と命名。サンタ・マリア（左）、サン・コスメ（右）。

キリスト教の父なる神・子なる神・聖霊なる神「三位一体」を意味するスペイン語が「トリニダ」。

と大きくなるまでつづいた。このような父権社会においては、聖母マリアはヨーロッパにおけるほど崇められず、むしろ、父ヨセフの存在が強調されたものらしい。

中南米バロックの至宝

聖像の曼陀羅性を最高に示すものは、トリニダの聖三位一体像（右ページ&口絵1・9）である。トリニダとは、聖三位一体を意味する。いわばこの像はこの伝道村のシンボルとして作られたのである。この像は、父なる神、聖霊なる神（鳩によって表現）、子なる神（十字架上のイエス）が文字通り一体になるよう作られており、三位一体の教義を即物的にそのまま表現している。理論的に説明しようとすると、抽象的で曖昧で、なにがなんだかわけがわからなくなりがちな三位一体の教義をインディオたちに教え込むには、このような即物的表現が必要だったのだろう。その発想のユニークさと素朴な表現力、彩色の美しさにおいて、このトリニダ像は、インディオの聖像の中の逸品中の逸品といってよい。

イエスとマリアの像をのぞくと、あとはほとんどが諸聖人の像となる。その中で多いのは、イエズス会の聖人像である。なかでも多いのが、イエズス会の創始者、イグナチウス・ロヨラの像と、日本にも布教にやってきたフランシスコ・ザビエルの像である（口絵2〜3）。この二つは、ほとんどの教会にもあり、聖人像の中では群を抜いて多い。その中で秀逸なのは、ブラジルのサン・ミゲルにあるザビエル像である（口絵3左上）。これは一見ピエロのごとく見える白塗りの像で、図像学の知識がなければ、とてもザビエルには見えない。私はこれを見たとき、反射的にルオーの白塗りのピエロ像を思い出した。どちらも一見感情が全く表現されていない白塗りの顔であるのに、しばらく見ていると深い悲しみがたたえられているのが白塗りの奥に見えてくる。このようなザビエル像は他に見たことがない。

イエズス会士がこの地に伝道村を作っているとき、スペイン美術はその黄金期にあった。エル・グレコからベラスケスにいたるバロックの時代である。ルネサンスの時代にはなかったダイナミズムと激しい感情表出が新しい時代の表現様式であった。インディオたちの美術的出発点はイエズス会士が伝えたこのバロック様式であった。彼らはヨーロッパの様式に縛られることなく、独自の感性を付加してそれを発展させ、美術史上、中南米バロックと呼ばれる独自の様式を発展させていった。中南米バロックは、広く中南米一帯に成立したものだが、その中にあって、やはりグアラニ美術が一頭地を抜くものであることは、このザビエル像一体をもってしてもわかるだろう。

初出　『インディオたちの聖像　ラテン・アメリカのキリスト教美術』月刊「太陽」（一九八七年八月号）

Ⅲ インディオの聖像

18世紀には、トリニダの教会祭壇の両側に飾ってあった天使像。丸太を縦半分にした一木作り。裏面は空洞で、立花さんが支えていないと倒れてしまう。視線をレンズに向けた写真を好まない立花さん。天使の顔と似ていませんか?

一九八六年のクリスマス・イブを、私はパラグアイのサンタ・ロサという小さな町ですごした。町といっても、人口は五〇〇〇人ばかり。商店らしい商店もほとんどない、小さな田舎町である。

町の中心部に一ヘクタールほどの広場があり、そこに教会が建っていた。ヨーロッパの田舎にでもありそうな小さな白塗りの教会だった。造りはスペイン風で、教会の横の出口がパチオ（スペイン風中庭）に通じており、その向こうに神父さんの住いがあった。パチオには木々が生い茂り、草花が咲き乱れ、南国の香りがいっぱいに立ちこめていた。南半球のパラグアイでは、クリスマスは真夏なのである。あちこちからセミの声と小鳥の鳴き声がうるさいくらいに聞こえていた。クリスマス・ツリーには雪がつきものだというのは、北半球に住む人の固定観念にすぎない。

教会の横には小さな学校が付属しており、その校庭の一画に小さな舞台がしつらえられていた。舞台の前には、校舎から運び出された椅子がならべられ、舞台の周囲には裸電球が幾つもぶら下がっていた。

何がはじまるのかと思ったら、学校の子供たちによる降誕劇だった。

大天使ガブリエルのマリアへのお告げにはじまり、ベツレヘムの馬小舎での降誕、羊飼いや東方の三博士の礼拝など、おなじみの場面がつづく。出演者は全部子供たちで、歌あり、踊りあり、お世辞にも上手とはいえないが、実にほほえましいできだった。しかし、羊飼いが本物の羊をかついで現れたのにはびっくりした。羊はその辺どこにでもいる家畜だから、こちらの人にしたら、本物を連れてくるのが当り前なのかもしれない。しかし、イエスの誕生の場面で、本物の赤ちゃんを登場させたのにはもっとびっくりした。むずかる赤ちゃんをマリア役の女の子が一生懸命あやしなが

新大陸アメリカで最初に生まれた聖人ロサ・デ・サンタ・マリア（ペルーのドミニコ会修道女）の思い出に因んでサンタ・ロサと名づけられたこの伝道村は、1698年に建設された。18世紀はじめには6000人以上の住民が住んでいた。アスンシオンからは250キロ離れている。

サンタ・ロサのクリスマスイブの降誕劇とミサを取材するため、イグアス空港から460キロを走り抜けてギリギリ間に合った。僕が「ロレトの聖母」礼拝堂に展示されている、受胎告知像（口絵⑩~⑪）を撮影して戻ると、最前列で立花さんが録音していた。

ら芝居をつづけるのである。

日本でもクリスマスにはたいていの教会で日曜学校の子供たちによって降誕劇が演じられるが、本物の赤ちゃんをイエスの役で登場させたという例はおそらく絶無であろう。そんなことをしたら、日本人の信者の中には、それは神の冒瀆だといって怒り出す人がきっと出てくるにちがいない。しかしこちらでは、見物の人も、むずかるイエスをみんなニコニコしながら見ている。

ミサのはじまりを待つ人々

面白いもので、本物の赤ちゃんを見ていると、イエスの誕生が妙にリアリティをもって迫ってくる。イエスといえども、生まれたばかりのときは、大きな泣き声をあげたり、むずかったり、母親の乳房にむしゃぶりついたりしたはずである。マリアもそれを普通の母親と同じように相手していたはずである。そんなことを考えると、イエスの誕生というものが、一つの史実として生々しく感じられてくるのである。ふと頭を上げると、空にはいっぱい星が輝いていた。大都会では見ることのできない降るような星空だった。羊飼いの見た星空もこんな星空だったのだろうと思った。

降誕劇が終ると、役者も見物人もみんな一つの行列を作って、聖歌を歌いながら教会の中に入っていった。これからクリスマス・ミサがはじまるのである。我々もあとにつづいて教会に入ってみた。教会の中は学校の教室二つ分ほどの広さで、ミサがはじまるのを待つ人々でギッシリである。

祭壇の脇のほうに奏楽者たちが陣取ったが、彼らの持つ楽器を見て驚いた。一人は日本製のエレ

南米に入るのは、立花さんも僕もはじめてだった。取材初日から「クリスマス・ツリーに雪がつきものだというのは、北半球に住む我々の固定観念にすぎない」と教えてくれた。降誕劇では、本物の赤ちゃんがイエス役で登場、羊飼い役も生きた羊を連れてきた時には「たまげたね」と立花さん。

クトロニック・キーボードの小さいのを膝の上にのせていたが、あとはギター、タムタムのように膝にはさんで打つ小さなドラム、立てて打つ胴長のドラム、もう一つ、乾いた音を出すよくわからない民族的打楽器などであり、これがミサの奏楽用楽器とはとても思えない。中南米民族音楽の楽団といった風情なのである。もっとも演奏者たちは、キーボードが中年のおばさん、ギターが兄ちゃん風、ドラムは中学生くらいの少年など、純粋に近所の人たちの寄せ集めである。

演奏がはじまってまた驚いた。ミサの音楽は、荘厳なグレゴリオ聖歌などとは全くかけ離れた、中

エンカルナシオンで出会ったノルマ・パレデスさんと父ファン・パレデスさん。本格的な録音とCDジャケット撮影のためホテルにきてもらい、最後は水着姿まで。3年後に2人は大阪「花と緑の博覧会」のパラグアイ館演奏者に抜擢された。帰国後に宝くじが当たり、一家は大富豪に。

南米音楽風の陽気な音楽なのである。後にこの国をあちこち旅行してみてわかるのだが、この国の人々はなぜかポルカが大好きである。歌うのも、聞くのも、なにかといえばポルカである。日本における演歌のように、ポルカはこの国の音楽風土にしみこんでいる。ミサの音楽も、時に聖歌風の響きも聞こえてくるが、基調はポルカなのである。会衆も、みんな生き生きとしてそれに唱和している。

「ミサ」と聞くと、ヨーロッパの大聖堂の厳粛なミサがすぐに頭に浮かんでしまうが、ここにはそういう厳粛さも、抹香くささも全くない。ひたすら明るく、生気はつらつとしている。その快活さが何とも気持ちよい。しかし同時に、何となく裏切られた気持ちもした。というのは、ここでヨーロッパ風のミサが聞けるとばかり思っていたからだ。

それは『ミッション』という映画のせいだ。そもそもこのパラグアイの地を訪れるきっかけとなったのは『ミッション』なのである。あの映画の舞台はパラグアイのイエズス会伝道村なのである。その伝道村が、いまでもパラグアイには遺跡となってあちこちに残っているし、その時代の美術品が博物館に沢山残っている。また、伝道村の中にはそのまま人が住みつづけ、いまも町となって残っているところがあると聞き、それは面白いと思って出かけてきたところなのだ。

そして、このサンタ・ロサの町を訪ねたのも、実はこの町が、昔の伝道村がそのまま残って人々がいまも住みつづけているという実例の一つだからである。ここの住民たちは、あの伝道村の末裔《まつえい》なのである。

もっとも、この教会が伝道村当時の教会そのままというわけではない。当時の教会は一八八三年に焼け落ちてしまい、これは一九〇四年に建て直したものなのだ。教会の隣に古いレンガ造りの鐘楼があるが、これが旧教会の焼け残りをそのまま利用したものなのである。これを一見しただけで、昔の教会がいまのこぢんまりした教会より、はるかに宏壮であったことがわかる。だいたいこの町にしても、いまは人口五〇〇〇人だが、伝道村当時は七〇〇〇人近い人口があり、いまよりずっと繁栄していたのである。

教会前の広場は、伝道村当時そのままであり、その広場を囲む家々のかなりの部分がやはり当時のままのものである。そして、きちんと碁盤目に区画された町なみといい、道路といい、都市の基本的骨格は当時のままである。

焼ける前の教会は、当時の旅行者の記録の表現を借りると、「伝道村屈指の大教会堂で、

旧教会の焼け跡のレンガで作られた鐘楼から、広場を見る。釣鐘も当時のものだ。イエズス会の伝道村は、このように必ず教会の前に大きな広場を作っていた。隣接する「ロレトの聖母」礼拝堂には、パラグアイ最高傑作の「インディオの聖像」が展示されている（口絵⑩〜⑪）。

とりわけその内装は贅沢きわまりない豪華なもので、ここを訪れる人はみな目をむいて驚き感嘆した」という。しかし、いまその豪華な内装の面影を残すものは、教会堂の隣にある小さな礼拝堂の中に保存されている数点の聖像と、フレスコ壁画のみである。

『ミッション』の映画の中では、ヨーロッパの大聖堂にも比すべき立派な教会堂の中で、半分裸のインディオの子供たちが実に見事なボーイソプラノでグレゴリオ聖歌を歌っていた。その場面が強く印象に残っていたので、このサンタ・ロサのクリスマス・ミサで、ポルカ調の聖歌がはじまったときにびっくりしたわけである。

映画を見ただけで、グレゴリオ聖歌のミサを期待したとしたら軽信のそしりをまぬがれないだろうが、実は文献によってみても、当時の伝道村では、音楽的に立派なミサがとり行なわれていたのである。当時、ここを訪ねたヨーロッパ人旅行者が、「ここの教会で演奏される音楽は、ヨーロッパの大聖堂で演奏されている音楽とくらべて、技量においても美しさにおいても、全くひけをとらない」と書き残しているくらいなのである。ヨーロッパは時にバロック音楽の時代、バッハの時代で、そのころヨーロッパの大聖堂で演奏されていた音楽は、いまからみても音楽史上一つの頂点をきわめた水準にあったということができる。それにひけを取らないというのだから、話半分としても、相当の水準にあったということができるだろう。

もちろん、ポルカ調のクリスマス・ミサも、それはそれで楽しいし、とりわけ会衆ののりっぷりを見ていると、ここにはこれがふさわしいのだと思えてくる。

しかし、純音楽的には、疑いもなく伝道村当時のほうが高い水準にあったのである。

伝道村の音楽水準の高さ

伝道村の一つ、トリニダの大聖堂の遺跡は、内部の側壁上部に、天使たちが楽器を奏している愛らしいレリーフ（左ページ&口絵28）があることで有名である。その天使たちが奏している楽器を見ると実に多彩である。パイプオルガン、クラヴィコード、ハープ、ホルン、バイオリン、トランペット、フルート、クラリネット、バスーン、マラカスなどなど、驚くほど多くの楽器がある。これが教会でも実際に奏されていたのである。もちろん奏したのはすべてインディオである。バスーンまであったということで、彼らの音楽の水準の高さがわかるだろう。楽器はどうしたのかというと、はじめの幾つかはヨーロッパから持ってきたが、あとはインディオたちがそれを手本に自分たちで作ってしまったのである。幾つかの伝道村には楽器の製造工場があった。それぞれ得意の楽器を作って、お互いに交換、交易したのである。バイオリンなど幾つかの楽器はあまりに巧みに作られたので、ヨーロッパに輸出までされていた。

奏楽だけでなく、どの伝道村の教会にも立派な聖歌隊があった。この地のインディオはグアラニ族という種族なのだが、彼らには驚くほどの音楽的才能があり、楽器でも聖歌でも教えられればどんなものでも見事にこなした。再び当時の旅行者の記録を引くと、「グアラニ族は本当に音楽の天分に恵まれていた。とりわけリズム感覚は抜群だった。手近に楽器がないときは、その辺にころがっている棒きれでも何でもリズム楽器に変えてしまった。どんな楽器の演奏でも、ヨーロッパのマ

トリニダの教会堂の祭壇側壁上部にはめ込まれたオルガンやハープシコードなど、さまざまな楽器を奏でる天使のレリーフ像。現存するのは62の天使像だが、奇蹟的に保存状態がいいのは、高さ15メートル以上の壁にはめ込まれていたため、足場を組まない限りは届かなかったからだろう。

エストロが、見事だというほどの腕前だった」という。

彼らは音楽を教会の中だけでなく、日常生活の娯楽としても楽しんでいた。休みの日や余暇の時間は、よく広場に集まって、音楽を奏しながら皆で踊りまわっていたという。音楽と踊りは、彼らのジャングル生活時代からの最大の楽しみだったという。教会の外で彼らが楽しんでいた音楽と踊りがいかなるものであったかは記録に乏しくわかっていない。しかし、このサンタ・ロサ教会の熱気あふれるクリスマス・ミサを聞いていると、きっとその時代のグアラニ族も本当に音楽を楽しんでいたにちがいないと思えるのである。

特に音楽に巧みな才能を発揮する子供たちは選ばれて音楽学校に入ることがで

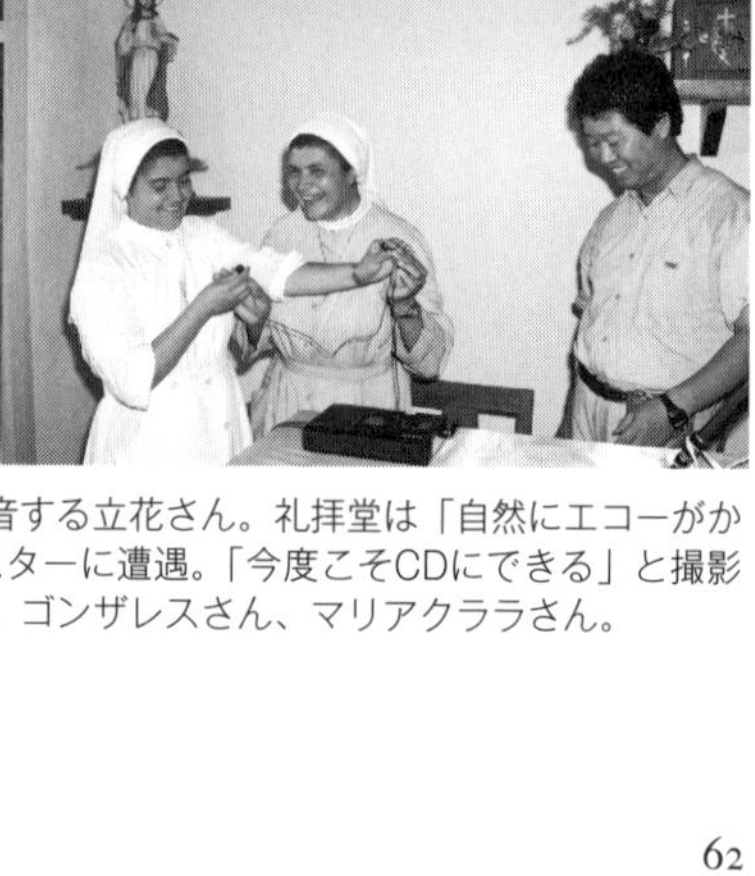

ボーイソプラノを求めてグレゴリオ聖歌を録音する立花さん。礼拝堂は「自然にエコーがかかる」と上機嫌。4日後、ボガード教会でシスターに遭遇。「今度こそCDにできる」と撮影後に名前も記録する。左からラファエラさん、ゴンザレスさん、マリアクララさん。

きた。伝道村の一つジャペユには、音楽学校があったのである。ここでは、当時のヨーロッパと同じ水準の音楽教育を受けることができたという。

伝道村の音楽水準の高さを証明するには、バッハと同時代人であったドメニコ・シポリの名前をあげれば充分だろう。シポリは日本ではほとんど知られていないが、欧米ではバロック音楽の代表的作曲家の一人とみなされており、その作品はいまでもよく演奏されるし、米、独、仏、伊の各国でレコードが出されている。シポリはイタリア人だったが、若くしてイエズス会の修道士となり、その一生をパラグアイの伝道村で送った。彼の作品はすべて伝道村の教会の礼拝のために作曲されたものなのである。彼のレコードを一聴すれば、伝道村の音楽が当時のヨーロッパ音楽（バッハ時代のバロック音楽）と同じ水準にあったということが、誰にでも納得できるはずである。実は『ミッション』においても、ミサの場面で、彼が作曲したミサを使用しているのである。

音楽ひとつをとってみても、当時の伝道村にどれだけ水準が高いカルチャーがあったかがわかるだろう。

そのように高い文化を、ついこの間までジャングルの中に住んでいた未開のインディオたちが作りあげたということは、確かに歴史における一つの驚異なのである。

さて、話が少し先に飛びすぎてしまったようだ。『ミッション』を見た人ならともかく、あの映画を見ていない人には、イエズス会の伝道村といわれても、それがどういうものなのか皆目見当がつかないだろうから、まずそれについて説明しておこう。

異教徒たちにキリスト教を伝える

南米にいま見るような諸国家ができるのは、一八二〇年前後で、それまでは、ブラジルはポルトガルの植民地であり、その他の部分はスペインの植民地だった。南米はコロンブスのアメリカ発見以来、三〇〇年以上にもわたって、ずっと植民地だったのである。

コロンブスがインドへ向けて西まわりの航海に出たのは、黄金の島シパンゴ（日本）へ近道してたどりつくためであったことはよく知られている。彼の航海の目的は黄金だったのである。だから、彼の航海誌を読むと、新しい陸地を発見するごとに、そこには現にどれだけの黄金があり、どれだけ入手可能かといった話がうんざりするほど出てくる。

しかし、彼にはもう一つの重要な目的があった。それは、今日、特に日本人には見落とされているることだが、異教徒たちにキリスト教を伝えることだった。コロンブスのみならず、コロンブスを派遣したスペインのフェルナンド国王、イサベル女王の動機にもまた、富の獲得とならんで、キリスト教の布教があったとコロンブスは航海誌をスペイン両王に献呈するに当たり、その序文に次のように記している。

「こうして多くの民が偶像礼拝に落ち、破滅の教義を奉じつづけてきたわけでありますが、両陛下は、カトリック教徒として、またこの聖なる教えを崇信し、これを弘めたまう君主として、さらにまたマホメットの教えや、すべての偶像崇拝や、邪教の敵として、クリストーバル・コロン（クリストファー・コロンブス）を、インディアのさきにのべた地方へ派せられ、彼の地の君主や、人民や、さらにその土地、その模様や、その他すべてを見聞して、彼らを聖なる教えに帰依させることができるような方途を探求するように命ぜられ、そのためには、従来から通ってきた東の陸地からではなく、今日まで人の通ったことがあるかどうかが確かではない西方から赴くようにと仰せ付けられました」（『コロンブス航海誌』以下同）

すなわち、「彼らを聖なる教えに帰依させることができるような方途を探求する」ことを、スペイン両王はコロンブスに命じていたのである。

これは必ずしもタテマエだけではない。フェルナンド王とイサベラ女王は、長年にわたって異教徒の支配下に置かれていたスペインを解放するために、サラセン人と戦い、ついにそれに勝利した君主として歴史に名を残している。この戦いはレ・コンキスタ（異教徒征服）の戦いと呼ばれた。コロンブスへの航海許可はそれに勝利した直後の高揚した気分の中で与えられたものなのである。新大陸への進出は、異教徒排撃、レ・コンキスタの延長上にあった。だから、後に新大陸で異教徒征服に活躍する人々はコンキスタドール（征服者）と呼ばれるのである。

コロンブスも、この異教徒教化の使命を文字通り大真面目に受け取っていた。だから、新しい島を見つけ、新しい原住民と会うたびに、彼らがキリスト教に教化しうる民族であるかどうかを判断していちいち報告している。

コロンブスが最初に発見したサン・サルバドル島では、

「彼らは力ずくでよりも、愛情によって解放され、キリスト教に帰依する者達だと見てとりました」

と記しているし、ジャマイカ島では、

「彼らは、天には神がましますことを知っており、それを信じております。そして我らが天から来たものと確信しております。彼らは唱えるようにと教えられたどんな祈りの言葉でもすぐに覚え、十字を切ります。従って両陛下は、彼らをキリスト教徒にすることを決意されるべきであります。私は、これに両陛下が取り組まれるならば、短期間に多数の民を我らの聖なる教に改宗させることができましょうし、広大な領土と、富と、これらすべての民を、エスパニャのものにしてしまうことができるものと考えます。と申しますのも、この地に莫大な量の黄金が産することは疑いもないことだからであります」と記している。

コロンブスは自ら原住民に祈りの言葉を教えたり、十字の切り方を教えたりしていたのである。

コロンブスの第一次航海はわずか三隻の船と九〇人の乗組員によって行なわれたが、第二次航海には一五〇〇名が一七隻の船に乗って参加した。彼らは主として新天地に植民することを目ざした人々だったが、その中には、早くも原住民にキリスト教を伝えんとした神父たちもいたのである。新大陸への植民は、最初から布教とともに行なわれたのである。

植民は、コロンブスの発見したカリブ海沿岸から、やがて中米へ、南米へと広がっていった。その先駆者がコンキスタドーレス（編集部注・前述のコンキスタドールの複数形）と呼ばれる騎士であった。彼らは、武力によって新大陸各地を征服していった。鉄器を知らず、弓矢や棍棒を主要な武器とするインディオたちを、剣や槍を持ち、銃を持ち、大砲すら持つスペイン人たちはたやすく征服していった。その代表が、アステカ王国を征服したコルテスと、インカ帝国を征服したピサロである。いずれも大虐殺のあげく、莫大な富を獲得している。彼らの征服を見て、第三、第四の黄金郷を求めて奥地深く入っていったコンキスタドーレスによって、南米は探検され、それに植民者がつづいて開発されていくのである。

このコンキスタドーレスにしても、富の獲得だけが目的だったわけではない。やはり、名目上は異教徒に対するキリスト教の布教が目的になっていた。

世紀の大事業

新大陸を発見してすぐに、ローマ教皇はスペイン国王に対して、新大陸の領有を認めその地の異教徒に対する布教をスペイン国王の手にゆだねるという公文書を与えていた。それに従ってスペイン国王は、聖職者たちを次々に新大陸に送り出していた。フランシスコ会、ドミニコ会などの修道団も、新大陸への布教という新しい使命に喜んで、この世紀の大事業に積極的に参加した。イエズス会は、成立するのが一五三四年であるから、初期にはまだ登場していない。

新大陸征服にあたっては、後に述べるように、インディオの大虐殺と奴隷化が行なわれたのだが、征服者たちは、誰でもいいからインディオを片端から殺したり奴隷にしていったというわけではない。殺したり奴隷にしたりしていいのは、せっかくキリスト教の教えを伝えたのに、それを受け入れようとせず、逆にこちらに反抗してくるものだった。特に、食人種で、食人の習慣をやめようとしないものであった。

征服は異教徒を教化し、その魂を救済してやることが目的なのであるから、相手が従順に従うなら、殺したりすることはなかった。つまり、魂の征服（コンキスタ・エスピリチュアル）が成立しない時にのみ、物理的暴力による征服《コンキスタ》が行なわれたのである。

征服の第一の目的は教化にあったから、コンキスタドーレスたちはみな聖職者（ほとんど修道士である）をひきつれていた。聖職者とともに、公証人もひきつれており、征服の対象のインディオたちに確かにキリスト教の教えを伝えたのに相手は武力で抵抗してきたとか、そのインディオたちは確かに食人種であったとかいう記録を正式の公文書としていちいち残したのである。

そのための手続きとして、催告（レケリミエント）なるものが行なわれた。征服の前に、スペイン国王によって作られた降伏勧告文がインディオに向かって読み上げられるのである。まず、天地創造にはじまるキリスト教の簡単な世界観が説明される。そして、ローマ教皇は神の代理人であり、その神の代理人がスペイン国王にこの南米の地を与えたのだということが告げられる。そして、この地に住むインディオたちがキリスト教を受け入れ、ローマ教皇の命に従い、スペイン国王の支配に服することを誓えばよいが、そうでなければ力ずくで従わせると宣言するのである。

催告の最後の部分は次のようになっていた。

「我々はお前たち及びお前たちの妻子を捕え、奴隷として、売却したり使役したりすることになろう。主君に従わず、主君を認めず、主君に刃向かう臣下は徹底的に罰せられてしかるべきである。だから我々は、お前たちの財産を奪い、あらゆる危害を加えることにするし、その結果として死傷者が出たり、物的損害が出ても、それはお前たちの所為なのであって、国王陛下や我々の罪ではないことをここに宣明する。以上我々がしかとお前たちに伝え、催告したことをこの場に居合わす公証人が文書で証明し、この場に居合わす人がその証人となることを求める」(『スペインの新大陸征服』)

しかし、このような催告はかなり形式に堕し、通訳もなしで読み上げたり、森に向かって読み上げたり、船の甲板の上から海岸に向かって読み上げるだけのこともあったという。

だが、だからといって、征服者たちはもっぱら物欲で行動していたのであって、キリスト教の布教など形式上の名目にすぎなかったなどというのは誤りである。

数百人VS一〇万人以上

この時代のスペイン人は、皆大真面目にキリスト教を信じていたのである。神がこの世界を支配しており、何事も神のおぼしめしのままであるということを疑う者はいなかった。彼らがインディオを殺戮するときも、それが神の意志であると信じてそうしていたのである。そう信じていたから、神の加護が自分たちにあることを確信し、彼らは驚くほど勇敢だった。コルテスにしても、ピサロにしても、わずか数百名の手兵であの大征服をやってのけるのである。

数百名のコルテス軍が、一〇万を軽く超えるアステカ軍と対峙したときには、さすがに敵の大軍に恐怖して戦意を失ってしまった兵もいた。それに対して、コルテスは次のようにいって励ましている。

「われわれの信仰の敵と戦うことにより、キリスト教徒としての義務を果すのみならず、これによってわれわれは天上の栄光を得、また現世においても今日までいかなる時代にも与えられたことのない最高の栄誉を勝ちとるのであると申しました。神はわれわれの側についておられ、神に不可能はないということを忘れてはならない。その証拠に敵軍はあれほどの死者を出したにもかかわらず、わが軍は死者もなく、数々の勝利を収めたではないかと、とも申しました。彼らは大いに元気を取り戻しました」(『征服者と新世界〈第二報告書翰〉大航海時代叢書〈第Ⅱ期〉12』)

〝神はわれわれの側についている〟。この一言で本当にコルテス軍は元気が出て、一〇万以上のアステカ軍を打ち破ってしまうのである。

そしてコルテスは、アステカ王国の首都テノチティトランに入ると、まずそこの中心にある大神殿に入ってアステカ人の信仰していた偶像の破壊を行なう。

「私は、彼らが最も篤く信仰している一番大事な偶像を台座から引き倒し、階段から投げ落とさせました。そして、偶像を安置してあった礼拝堂は、どれもこれもいけにえの血で満ちていましたので、全部きれいに洗わせ、そこにわれらの聖母や聖人の像を配置しました。これはムテスマもその他の原住民も少なからず悲しみました。彼らは最初、それはやめてほしい、もしこのことが市中に知れわたれば、住民は蜂起してあなたに立ち向かうであろう。なぜならあの偶像はこの世のあらゆる富を恵んでくれており、それを粗末に扱わせたとなれば、必ずやその怒りにふれ、もはや何の恵みも与えられず、土地の産物も取り上げられ、飢え死にするであろうと信じているからである、と申しました。私は、不浄なものを用いて、彼らみずからの手で作った偶像に願をかけることがいかにまちがっているかということを、通訳をとおして彼らに理解させました。そして、宇宙のすべてのものの主なる唯一の神しか存在せず、その神が天と地とすべてのものを創造し給い、彼らやわれわれをも創り給うたのであるということ、また、神にははじめがなく不滅であるということ、神をこそ崇拝し、信仰すべきであり、その他いかなる被造物をも信仰してはならないということを、彼らに理解させました。その他、彼らに偶像崇拝を改めさせ、われらの主なる神についての知識を授けるため、私の心得ておりますことをすべて話しました」（前掲書）

このようにコンキスタドーレス自身がキリスト教の伝道をするということもあったのである。もちろん、宣教師たちはそれ以上に熱心に布教にあたった。彼らはインディオの民衆の中に入っていって、全員をキリスト教徒にしようとした。

「宣教師たちは次第に原住民のことばを片言なりとも話せるようになり、メモなしで説教ができるようになってきた。他方、原住民の方も人里を遠く離れてとか、または人目を避けてとかでもない限り、以前のように偶像の神々の名を呼んだり、これに仕えたりはしなくなった。そして日曜日や祝日には大勢の原住民が神の御ことばを聴きにやってくるようになった。

彼らにはまず神とはどのような御方であるのかを教え、次いで神は唯一全能で、初めも終りもなく、万物の創り主であり……（中略）。以上のことをはっきりさせると、次に霊魂の不滅を説き、それから彼らが信じている悪魔とは何者なのか、そして彼らは悪魔に欺されているのだということ、悪魔はさまざまな謀《はかりごと》をしながらなんとかして霊魂を滅びの道へ踏み込ませようと虎視眈々としていること、などを説いて聞かせた。

こうしたことを聞かされると、大勢の者がすっかり驚いてしまい、恐怖のあまり修道士のことばを聞いて震え出す者もいた。そしてこの国に算《かぞ》え切れないほどいるボロをまとった貧しい人々の間から、神の国を求めて洗礼を受けにやってくる者が見られるようになった。彼らは涙を流しながら、ぜひ洗礼を授けてほしいと、切々とかつ執拗に訴えた。（中略）

この頃になると、洗礼を受けた原住民が天使祝詞、主禱文、キリスト教の教理などを習い覚えることによって、彼らの心の中にもうひとつの新しい信仰の灯が点ぜられた。こうしたものを彼らがよく覚え、またそれによっていくらかでも喜びを感じることができればとの考えから、それらがすべて思わず聞きほれるような美しい平調曲の形式で教えられた。すると彼らは競ってこれを覚えようとした。人々の数は非常に多く、教会や村はずれの小さな聖堂の前庭から彼らの家がある地区に到るまで、そこここに黒山のような人だかりができるほどだった。彼らは三時間、四時間と歌を歌いながら祈禱文を覚えていた。その熱心さときたら、どこへいっても昼夜の別なく彼らの歌声とキリスト教の教理全部を暗誦する声が耳に入るほどだった」（『ヌエバ・エスパーニャ布教史　大航海時代叢書（第Ⅱ期）14』）

このような宣教師の努力と、キリスト教に帰依すればスペイン国王の臣民として扱ってもらえるという実利にひかれて、インディオたちは、続々と洗礼を受けキリスト教徒になった。一時はあまりに洗礼希望者が多くて、それに応じきれないほどだったという。一日にほどこした洗礼の記録として、二人のフランシスコ会修道士の手によって一万五〇〇〇人という記録がある。正規の洗礼式をしていたら、とてもこんな数をこなすことはできない。集団洗礼という形をとって、多人数をまとめて形式的に聖水をふりかけ、次から次に流れ作業で洗礼していったのである。もちろん、一人一人本当にキリスト教の教理を知った上での受洗希望なのか、信仰告白を聞いているひまなどはなかった。だから、かなりいいかげんなクリスチャンが沢山生まれたのである。

「するとこの時、十字架にかけられた主キリストの像や聖母像が原住民の偶像の間に混ざって並べられているのが見つかった。これらの聖像は以前にスペイン人が、原住民にこれを与えればこれだけを崇めるようになるだろうとの考えから彼らに与えたものだった。だが、実際には原住民は無数の神々を持っていたから、彼らにしてみれば、その数をもうひとつ殖やしたいと考えただけのことであった。しかも原住民は、昔もいまも同じものを拝んでいるのだという点を修道士たちは見抜いていた。このようなわけで、ある所ではきちんとした祭壇に飾られた聖像が原住民の崇める悪魔の像やほかの偶像と一緒に並べられてあったり、また別の所では聖像が目に付くように置かれてあって、偶像の方は飾り物とか壁の後、あるいは祭壇の内側などに隠されているのが発覚した」（前掲書）

キリスト教ともともと彼らが持っていた民族宗教との習合現象がいたるところで見られたのである。彼らの民族宗教は、インディオと一口にいってもいろいろの種族があり、種族ごとにそれぞれ微妙なちがいがあるが、一般的にかなりキリスト教の神に近い概念を持っていたし、また教理においても、キリスト教の教理と似た部分があったために、それは容易に習合しやすかったのである。というよりは、それが観念的に習合しやすかったからこそ、インディオたちは抵抗なくキリスト教に帰依したともいえるのである。

たとえば、キリスト教の最も重要な儀式の一つに聖餐式がある。これは、パンとブドウ酒がミサをあげている間に聖変化を起してキリストの肉と血になりそれを信者一同が食するという儀式である。キリストの肉と血をともに食することで信者はキリストにつらなるのである。これを食することを聖体拝領という。

「原住民の行なう祭りではしばしば粉を練って、丸めたものを作る習慣があった。それはさまざまな形をしており、原住民はそれを使ってその祭りの神の聖体としていた。だが、その中でもとくにわれわれキリスト教の聖体拝領にそっくりなことをする祭りがあった。それは十一月ごろ、彼らがすでに玉蜀黍やその他の穀物の収穫を終えた後で行なわれた。この時、玉蜀黍の粉を練ったものにある種のアカザの種子を混ぜて丸い形の彼らがタマールと呼ぶ塊を作り、これを釜で茹でるのである。こうして茹でている間、幾人かの子供たちが一種の太鼓を打ち鳴らす。その太鼓は木の幹を加工して作ったもので、毛皮も何も張っていない。また彼らは歌も歌った。そしてこの粉の塊はこうしてテスカトリポーカの肉に変わっていくのだと言った。彼らはこのテスカトリポーカを他よりも偉大な神、つまり悪魔と考え、これを他よりも崇拝していた。そして、先に述べた子供たちだけが聖体拝領のような形で例の粉の塊、すなわち悪魔の肉を食べ、他の原住民たちは生贄に供せられた者の人肉を、先を争って食べた」（前掲書）

ここで、テスカトリポーカを「悪魔」といっているのはあくまでモトリニーアの表現であって、原住民にとっては、それは神であり、神の肉であったわけで、この儀式の観念的構造は聖餐式とそっくりなのである。ここで注目すべきは、人肉食もこの儀式の一部であったことである。食人にはさまざまなタイプがあったが、このように聖なる神の肉を食べることによって神につらなるという発想の食人もあったのである。日本人には、キリストの肉と血を食する聖餐式という発想はなかなかなじめないが、このような食人種にとっては、この教義は実にわかりやすく、なじみやすいものだったのである。

聖なる動機と世俗的動機

こうして、民族宗教と観念的に習合しやすかったこともあって、新世界は急速にキリスト教化されていった。しかし、クリスチャンになることによって、スペイン人と同等のスペイン国王の臣民になるというインディオの望みは達せられなかった。

征服が進み、布教が進み、開発が進んだが、それにつれてインディオの境遇は悪化するばかりだった。

すでに述べたように、スペインの新世界進出には、聖なる動機と世俗的動機とがあった。聖なる動機はキリスト教の福音を伝え、異教徒を教化改宗させてその魂を救済することにあった。世俗的動機のほうは富を獲得することにあった。聖職者はもっぱら前者の動機でアメリカに渡ったが、一般の植民者はもっぱら後者の動機でそうしたのである。そもそもコロンブスにしてからが、前者の動機もあったが、後者の動機のほうがはるかに大きかった。

コロンブスはスペイン王室からの資金援助によって航海に出たのだが、出発前に、この航海で獲得が期待される富をいかに分配するかの契約書を王室との間に取りかわしている。

それによると、新発見の島または大陸において、「購入又は交換し、又は発見し、取得するすべての物品、例えば真珠、金、銀、香料その他あらゆる産物について、取得に要した経費を差引いた残りの十分の一をコロンブスに与え、十分の九をスペイン両国王のものとする。ただし、コロンブスの取得分については課税しない」（『コロンブス航海誌』以下同）ということになっていた。また、これとは別に、この航海によって得られる総利益の八分の一がコロンブスのものになるとされていた。

かなりコロンブスの取り分が少ないようだが、コロンブスは航海費用の八分の一しか自分で調達できず、残り八分の七は王室が出してくれたのだから、このあたりが順当なところだろう。これでも、王室の高官たちは、前代未聞の契約だといって、これに大反対したためにコロンブスの航海は出発がだいぶ遅れているのである。

この契約は、いってみれば捕らぬタヌキの皮算用だが、出発前からその条件にかくもこだわったということは、コロンブスがいかに富の獲得を確信していたかをよく示している。彼の航海誌を読むと、はじめに到着したサン・サルバドル島でも、まず、黄金があるかどうかを原住民に聞いている。「私は丁重に振舞って、果して黄金があるかどうかを知ろうと努めました。すると、彼らの中に、黄金の小片を鼻の穴からつるしている者が数人居るのを見つけました。そして、南の方、またはこの島を南の方に廻って行くと、黄金で作った大盃や、多量の黄金を持っている王が居ることを彼らの手真似から知ることができました」

それからいろいろの島をまわるごとに、黄金の話が出てくる。

「提督はこの地の数人のインディオに、肉桂と胡椒を見せたところ、すぐそれと判り、手真似で、この近くの南東の方にはたくさんあると語った。また黄金と真珠を見せると、数人の老人が、それならボイーオというところに無限にあり、人々は首や耳や、腕や脚につけている。真珠も同様だと語った」

「この二人が一人の男を連れて本船に戻り、このエスパニョーラ島では黄金が多量に産し、他の地方からもこれを買いに来るという報せをもたらし、この島には黄金がいくらでもあるようだと語った。そのうちに他の者もやってきて、黄金を採る様子などを示し、多量の黄金がこの地にあることを確認した。提督は彼らのいうことがよくは判らなかったが、それでもこの地方に多量の黄金があることは確かだと考えた。そして、黄金を採取している場所さえ発見すれば、いくらでも簡単にとれる、それはただのようなものだ、と思いをめぐらせた」

そして実際、砂金がとれる川を発見したり、原住民との交易でかなりの黄金を手に入れたりした。原住民たちは実につまらぬものとでも黄金を喜んで引換えにした。

「そこへ、他の土地から一隻のカノアが来て、鈴一箇と黄金の小片数箇を替えてほしいといった。全く、鈴ほど彼らが欲しがるものは他になかったが、彼らは、カノアがまだ本船につかない間から声をあげ、黄金の小片を手にかかげて、鈴を意味するチュクチュケという言葉を叫び、鈴のためには気も狂いそうな様子であった。この様子を見て彼らは、他の土地から来たカノアが立ち去っていくと、提督を呼び、次の日にはこぶしほどの大きさの黄金片を四箇持ってくるから、鈴を一つ残しておいて欲しいと頼んだ。

これを聞いた提督は喜んだが、その後陸地から帰ってきた一人の水兵は、上陸しているキリスト教徒達が全くくだらないものと取替えている黄金片は、驚くほどの量に達すると報告した。彼らは針一本で二カステリャーノ金貨以上の黄金を替えていたのだが、これもそれから一ヵ月後に起ったできごとと較べれば、何でもないことであった」

エル・ドラド発見

コロンブスの航海日誌は帰国後間もなく出版され、ヨーロッパ中に大きな反響を呼び起こした。一年以内に九版を重ね、一五〇〇年までに二〇版を重ねた。

この航海誌に刺激されて、多くの人が、新世界に黄金を求めて船出することになるのである。先に述べたように、コロンブスの第二次航海には一五〇〇人もの人が参加した。その大部分は一獲千金の夢に駆られた人々であった。コロンブスの第一次航海は二ヵ月以上もかかり、苦労に苦労を重ねた大航海だったが、第二次航海は、わずか三週間で新世界に到着している。一度ノウハウを確立してしまえば、大西洋横断は意外に簡単だったのである。以後、毎年のように数千人の人々が植民していくが、その大部分は富の獲得という世俗的動機にかられた人々だった。

彼らはコロンブスのように、新大陸のどこかに、黄金がいくらでもその辺にころがっている黄金郷（エル・ドラド）があるにちがいないと思いこんでいた。黄金郷伝説のほかに、「銀を噴き出す山」とか、「シナモンの国」「白い王の国」など、夢のような財宝があふれる国が中南米の奥地にあると

コロンブスは1492年の最初の航海で、バハマのサン・サルバドル島にたどり着き、次にキューバ島、そして写真のエスパニョーラ島（現在のドミニカ共和国）に上陸し拠点とした。

ドミニカの首都サント・ドミンゴに1992年に建造された、コロンブス記念灯台に遺骨は安置され24時間、海軍が守衛に当たる（左）。記念灯台の博物館には、コロンブスの肖像画（右上）とともに、1942年に書かれたコロンブス直筆の航海誌が展示されていた（右下）。

いう話が信じられていた。これらの伝説を追って探検行に出た人々がコンキスタドーレスになったわけである。

そして、事実、アステカ王国、インカ帝国の征服によって、エル・ドラド発見の夢はかなえられたのである。極端な中央集権国家であった両国の王室には莫大な富が蓄積されており、それをコンキスタドーレスは手に入れることができたからである。コンキスタドーレスはこのようにして得た富の五分の一を国王に税金として納めることになっていたので、今でもその報告書がある。コルテスの場合は、溶解して延べ棒にした金だけで一六万二〇〇〇ペソ（一ペソは四・六グラム）あったので、三万二四〇〇ペソを税金として納めると報告しているが、実際には六〇万ペソの金があったという。この他に宝石類や、金銀の装身具が山のようにあった（『征服者と新世界〈第二報告書翰〉』）。

ピサロがインカを征服したときはもっとすごい。ピサロがインカの皇帝を捕虜にすると、皇帝は身代金を払うから釈放してくれと頼んだ。

「そこで総督がどれだけの量をどのくらいの期間にくれるのか、とたずねると、アタバリバは、長さ二二ピエ（六・一六メートル）、幅一七ピエ（四・七六メートル）の広間の高さの半分のところに引いた白い線までを、金で満たして引き渡す、と言った。彼が示したその高さとは、一エスタード半（二・九四メートル）であったろう。彼は、広間のそこまでを、壺・かめなどのさまざまな金製品や金塊でうずめようと言ったのである。また銀については、その部屋全体の二倍を満たし、二ヵ月のうちにやってみせる、と言った」（『征服者と新世界〈ペルーおよびクスコ地方征服に関する真実の報告〉

アタバリバは、この約束を見事に果すのである。それくらい、この国には金銀財宝が豊かにあったのである。アタバリバが身代金として支払った金銀は何日もかけて溶解され、その五分の一を税として国王に支払われる分は、金一五万三〇〇〇ペソと銀五四〇八マルコ（一マルコは二三〇・〇三グラム）と計算されたというが、これもコルテスの場合のようにかなりごまかしたものではなかったろうか。

一五三四年一月に、前国王への税金分の金銀を積んだ船がセヴィリヤの港に入るが、この前後入港した四隻の船には、合わせて金が七〇万八五八〇ペソ、銀が四万九〇〇八マルコ積まれていたというが、前述した国王分以外のものは、すべて乗客たち個人の金銀だったのである。新世界は確かに、成功者に対しては、王侯貴族なみ、あるいはそれ以上の富を与えたのである。

新世界からヨーロッパに流れこんだ富は恐るべく巨額なものにのぼった。公式記録によれば一五〇三年から一六六〇年の間の一五七年間にスペインの港に運びこまれたものだけで、金が一八一トン、銀が一万七〇〇〇トンにものぼったのである。これ以外に大量の金銀が密輸されたことは間違いないが、これだけでも、当時の世界経済の規模を考えると大変な量だった。特に銀は、当時のヨーロッパの保有総量の三倍にもなったのである。これだけの金銀がドッと流れこんできたため、ヨーロッパでは大インフレが起った。穀物価格でいうと、一五七〇年から一六四〇年にかけて、三倍ないし四倍になったが、その唯一の原因は、新大陸からの銀の大量流入であるとアダム・スミスは『国富論』の中で分析している。またモンテーニュは、アメリカの金銀鉱山開発から二〇〇年の間に、世界の貨幣総量が三二倍になったと分析している。これらの金銀の蓄積が、ヨーロッパに初期資本主義の勃興をもたらしたということは経済史上の定説となっている。

このような富は、結局は、インディオから収奪されたものであった。あらゆる形で富の収奪が行なわれた。初期には、コンキスタドーレスのように、暴力による直接的な収奪がよく行なわれた。それとならんでよく行なわれたのは、インディオを騙すことだった。

コロンブスの報告

インディオの中には、凶暴な人喰人種もいたが、大半は善良で気前のよい種族だった。コロンブスも、最初にインディオに出会ったときから、彼らのあまりの気前のよさに驚いている。持っているものをくれというと、何でもくれたのである。物惜しみするということがなかった。それに対してスペイン人は、はじめから貪欲だった。

「インディオ達の気前のよさに較べ、スペイン人達は欲が深くて節度を守らず、インディオ達が、折れた針先とか硝子や椀のかけらといった何の値打もない物と交換に、何でもこちらの欲する物をくれることにさえも、まだ満足しなかったからである。そしてスペイン人たちは、彼らに何も与えないで、自分達の欲しいものを何でも取上げようとしたが、提督はこうしたことをかねがね禁止していた。提督は、インディオ達が硝子玉五箇で黄金の小片をくれるのかもしれないし、また事実くれるというその寛大な心が判ったので、代償を払わずに、彼らから物を受取ることは一切ならぬと命じていたのであった」

このようなインディオの無欲さ、善良さをほめたたえて、コロンブスは次のように総括している。

「彼らは愛情豊かで、欲がなく、何事をするにも適しております。私はこの世に彼ら以上に善良な人々もいなければ、またこれ以上よい土地もないことを両陛下に証言申し上げます。彼らは、自らを愛するが如くに隣人を愛し、この世で最も優しい言葉で話をし、性は温順で、顔にはいつも笑みをたたえております。男も女も、母親が産んだ時と同じ状態の裸で歩いております。しかし、両陛下、どうか私の言を御信頼下さいますように、彼らの間では誠に良い習慣が保たれているのであります」（『コロンブス航海誌』）

このように善良きわまりない素朴な人々を、文明社会の悪徳の巷からきた人々が騙すのはいともたやすいことだったのである。コロンブスの部下には不当交易の禁止令が出ていたが、その後の植民者たちは平気でインディオを騙し、無価値なものと交換に彼らの富をどんどん奪いとっていった。

ところで、この文明社会の悪に染まっていないインディオの善良さについてのコロンブスの報告は、ヨーロッパの知識人、特に社会思想家に大きな衝撃を与えた。それが真の人間性は自然状態にある自然人においてこそ花開いているという考えを生むのである。人間の本性は善であるのに、その本性を社会や文明がゆがめて悪を生み出しているという考えである。

この考えを最初に披瀝するのはモンテーニュである。モンテーニュは、『エセー』の中で、「人食い人種について」という一章を設け、「我々の習慣にないものを野蛮と呼ぶのでなければ、新大陸の住人たちには、野蛮で未開なところは何もない」と断じ、むしろ、人間が本来持っていた天性を、

「この世で最も優しい言葉で話をし、性は温順で、顔にはいつも笑みをたたえております。男も女も、母親が産んだ時と同じ状態の裸で歩いております」のコロンブスの報告通り、インディオ集落Ⓒ（地図・2ページ）にてグアラニ族の末裔を撮影。

人工的に変化させてしまったわれわれのほうが野蛮なのであるという。「自然本来の美徳と本性は、未開人の中では生き生きと力強く存在しているが、我々の中では質が低落し、腐敗している」という。「自然の法制が、人間の法律による変質をほとんど受けないままに、まだ彼らを支配している」ことはうらやましいかぎりだという。(『世界の名著19　エセー』)

このような発想は、そのままルソーに受けつがれ、「自然状態の自然人」を理想とする彼の『人間不平等起源論』『エミール』となって実を結ぶ。

新大陸における「善良な野蛮人」あるいは「高貴な野蛮人」の発見は、啓蒙思想を生む一つの要因となり、フランス革命を経て近代社会を誕生させる準備をしたともいえるのである。なぜなら、その発見は、社会制度への批判を導いたからである。自然本来の美徳と本性を社会制度がゆがめているなら、このような社会制度は改められなければならない。そこで、人間の本性をゆがめる社会制度の矛盾が一つ一つ摘出され、社会改革が叫ばれるようになっていくのである。

ユートピア思想

一方、善良な野蛮人の発見は、ユートピア思想も生むことになった。

一五一六年に刊行されたトマス・モアの『ユートピア』はアメリゴ・ヴェスプチの四回にわたる航海のうち三回まで行を共にしたヒュトロダエウスという航海者の語る話として構成されている。ユートピアは新世界の一部という設定なのである。

コロンブスは自分が発見した土地が新大陸だとは知らず、インドの一部だと信じこんでいたから、これをインディアスと名づけ、そこの住民をインディオと呼んだのである。しかし、アメリゴ・ヴェスプチのほうは、一四九七年から一五〇三年にかけて四回の航海を行ない、これが新大陸であることを主張し、『新世界』ならびに『四回の航海において新たに発見せる陸地に関する書簡』という書を刊行する。これ以後、新世界という呼び名が一般に用いられるようになり、またアメリゴの名を取ってアメリカ大陸ともいわれるようになるのである。

アメリゴは、この書物の中で、やはり原住民の生活を報告しているが、その中の次のようなくだりが、トマス・モアに、インスピレーションを与えるのである。

「かれらは温順で付き合いやすい人たちであったと私は申しましょう。かれらは男も女もすべて裸でありまして、全身を隠すことなく、死ぬるまで母親のお腹から出てきたときのままであります。

（中略）

かれらは毛織物も亜麻布も綿織物も、いっさい必要ないので持っておりません。また私有財産というものがなく、すべてが共有になっています。かれらには国王も官憲もなく、各人がみずからのあるじです。（中略）さらにまた、かれらには教会も法律もなく、偶像礼拝者でもありません。さてなんと申したものでしょうか？　かれらは天然自然のままに生きており、禁欲主義者というよりは享楽主義者というほうが正しいでしょう」（『航海の記録〈新世界〉大航海時代叢書Ｉ』）

「かれらには商売というものはなく、物を買ったり売ったりしません。つまるところ、自然にあたえられたもので生活し、それに満足しているのであります。わがヨーロッパやその他でもちいられる財貨、たとえば金、宝石、真珠、その他の財貨をすこしも尊重しません。そういうものがかれらの土地にありましても、それを入手するために労働したり、価値をみとめることをしません」（前掲書・〈四回の航海〉）

トマス・モアは、私有財産制廃止論者だった。

「私は、私有財産制がまず廃止されないかぎり、ものが、どんな意味においてであれ平等、公正に分配されることはなく、人間生活の全体が幸福になることもないと確信しております。私有財産制が残存するかぎり、人類の大多数を占める善良な人々のあいだには貧困と辛苦と心配という避けられぬ重荷がいつまでも残るでしょう」（『世界の名著17　ユートピア』）

と考えていた。この意味において、トマス・モアは、マルクスの先人なのである。そして、現実に私有財産がない社会が存在することを知った彼は、そこから想像をどんどんふくらませて、一つの現想社会を構想していく。それがユートピアになるわけだが、その社会では、ここに引用したような、インディオ社会の特徴がほとんどそのまま生きている。ユートピアでは、私有財産はなく、金銀財宝を誰も重んぜず、金は便器に使われているし、宝石や真珠は子供の玩具として利用されている。貨幣はなく、ものの売買はなく、国王はなく、政治は選挙による民主主義で行なわれる。

原始キリスト教会とユートピア社会

ところで、ユートピアの社会的制度の幾つかは、インカ帝国の制度とかなりの共通点がある。そこで、『ユートピアの歴史』を書いたジャン・セルヴィエは、ヒュトロダエウスは実在の人物で、トマス・モアは彼からインカ帝国の話を聞いていたのではないかという。ピサロが最初のインカ帝国探検の旅に出るのは、一五二四年で、『ユートピア』の出版後のことであるが、一五一〇年には、現在のコロンビアのところまでスペインの植民地ができており、それはインカ帝国の北端とほぼきびすを接していたから、インカ帝国の社会に関する情報はすでにスペイン人のところに届いていたはずだというのである。これも充分ありうる話である。また、面白いことに、いまは『ユートピア』はフィクションであると受け取られているが、これが出版された当時は、これはフィクションではなく真実の物語であると読者から見なされていたということである。大航海時代がはじまったばかりで、珍しい社会の報告が次々に出版されていたから、航海記の体裁をとった『ユートピア』もほんとの話と思われたわけである。

ところでこのユートピアの宗教であるが、人によって異なったものを信じているが、「全世界創造と摂理の原因とみなすべき唯一最高存在があると考える点では一致」している。大部分の人は、「唯一の、知られざる、永遠無量で、説明不可能な、ある神的存在を信じています」という（『ユートピア』）。

実はこのような考えはアステカにもあった。アステカの宗教は多神教だったが、ネサワルコヨトル王の時代に宗教改革が行なわれ、

「『あらゆるものの創造主である未知の神』の存在を確信して、七段のピラミッドの上に、その神の神殿を築いた。そして、その神は、『それまでいかなる人も知らず、また見たこともなかった』から、神殿の中にはなにひとつ偶像も神像も置かなかった」(『世界の歴史7　インディオ文明の興亡』)

という。あるいは、インカの人々も、

「プラトンの『イデー』を思わせる『大いなる存在』を崇拝していた」(『ユートピアの歴史』)

という。セルヴィエがいうように、このように現実に存在した、未知なる最高神という考えが、本当にトマス・モアに伝わって、その影響のもとに『ユートピア』が書かれたとすれば面白いが、その点については確証がない。

一五九〇年に『新大陸自然文化史』を著したアコスタは、やはり、新大陸の各地に、そのような、実体がよくわからぬ最高神への尊崇があったことを記録し、それがあったからこそ、インディオへの布教がたやすかったのだと述べている。その最高神こそ、キリスト教の神なのだと、両者を結びつけてやればよかったからである。そしてこれと同じことは、聖パウロの初期伝道の際にもあったことだという。パウロがアテナイに行ったとき、そこに、イグナート・デイ(知られざる神)に捧げられた祭壇があるのを見た。そこでパウロは、「あなたたちが知らずにおがんでいるその神が本当は誰であるのか、私が教えてあげよう」といって、キリスト教を伝えたという。

共同体（コミューン）と聖餐式（ホーリー・コミュニオン）

さて、ユートピアにキリスト教が伝えられたときも同じように、彼らが、未知の最高神が存在するという考えを持っていたため、ユートピア人たちは、「ちょっと考えられないほど積極的に」キリスト教を受け入れたという。そして、その背景には、未知の最高神の考え以上に、重要な契機となったものがあったという。それは、

「キリストは弟子たちの共同生活をよしとしたもうた。そういう生活は今日でもキリスト教徒たちのほんものの共同体のなかで実行されている。こういう話を彼らが聞いたことです」

という。原始キリスト教会は、イエスの弟子たちの共同生活体としてはじまった。その共同生活が、ユートピア人の社会とよく似ており、そのような生活がキリストの教えを体現するものだと知って、ユートピア人はキリスト教に親近感を持ったというのである。

トマス・モアは、カンタベリーの大僧正の元で教育を受け、カトリックから離れようとした国王を諫めたため大逆罪で処刑され殉教者となる人であるから、やはり彼の考えた理想社会は、キリスト教の教えにきわめて近いところにあるわけである。

この原始キリスト教会の共同体では、ユートピア社会と同じく、私有財産はなく、何でも共有されていた。

「信者たちはみな一緒にいて、いっさいの物を共有にし、資産や持物を売っては、必要に応じてみ

んなの者に分け与えた。そして日々心を一つにして、絶えず宮もうでをなし、家ではパンをさき、よろこびと、まごころとをもって食事を共にし、神を賛美し、すべての人に好意を持たれていた」（使徒行伝2章44〜47節）

生活全体が共同体としてなされていたのである。この共同体がコミューンと呼ばれる。共同体（コミューン）と、聖餐式（ホーリー・コミュニオン）は語源が同じである。聖餐は、最後の晩餐の席上、イエスがパンをさいて弟子たちにわけ与え、

「取って食べよ、これはわたしのからだである。わたしを記念するため、これからもこのように行ないなさい」

と命じたところからはじまった。使徒行伝にあるように、原始キリスト教会の共同体につどった信者たちは、イエスが命じた通り、パンをさき、よろこびとまごころをもって食事をともにした。これが聖餐の起源である。晩餐をともにすることがコミュニオンなのである。晩餐でともにするものがキリストの聖なる体であるから、聖餐はホーリー・コミュニオンなのである。聖餐を通してキリストと一体となっている人々の集団がコミューンなのである。彼らは一体であるから、私有の財産を持たないのである。

ところで、共産主義もこれと同語源である。共産主義はコミュニズムであり、それはコミューン主義を意味する。直訳すればそれは共同体主義なのである。日本語では、コミュニズムに共産主義の語をあててしまったために、このつながりがわからなくなってしまっているが、もともとは、この原始キリスト教会においてあったような、精神的に一体の私有財産がない共同体社会をめざすの

が共産主義である。もちろんマルクスは反宗教の立場だから、そうはいわないが、実質的中身からいうと、原始キリスト教会から宗教性を抜いたものが彼の理想社会だったといってよい。マルクス自身は、彼が求める社会の原型を私有財産制が登場する以前の原始社会に求めている。それはルソー的な自然人の自然状態といってもよい。このような発想は結局、これまで述べてきたことでわかるように、新世界の〝善良なる野蛮人〟の発見に淵源《えんげん》が求められるのである。それは一方では、ルソーを通じて唯物論者の理想社会構想に取り入れられたが、一方ではトマス・モアを通じて、キリスト教的共同体構想へとつらなっていくのである。つまり、新世界のインディオの中で、ユートピアをキリスト教的共同体として作り出してみようと考える聖職者が出てくる。その延長上にイエズス会の伝道村も生まれるのである。伝道村が〝聖なる実験〟とも呼ばれるのはそのためである。そしてこの〝聖なる実験〟が成功した大きな要因は、インディオがもともと私有財産のない共同体生活の中で生きていたことにあるとされている。

少し話が飛びすぎたので元に戻すと、インディオたちは、このように、その性格が善良で、物欲に乏しく、気前がよく、私有財産の観念を持たなかったので、スペイン人はいくらでも騙すことができた。

インディオの大半が絶滅

たちまちのうちにインディオは、その持てる富をすべて奪いつくされた。金、銀、宝石のたぐいはいうに及ばず、食料も、土地も、女も奪われ、あげくの果ては、捕えられ奴隷にされた。そして、農場や鉱山で死ぬまで酷使された。反抗する者はすぐに殺された。想像を絶するほど残虐な収奪が新大陸全土で行なわれた。その結果として、インディオの大半は絶滅させられてしまうのである。これは史上最大のジェノサイドだった。ただ殺したのではない。殺し方があまりに残虐だった。

「キリスト教徒たちは馬に跨がり、剣や槍を構え、前代未聞の殺戮や残虐な所業をはじめた。彼らは村々へ押し入り、老いも若きも、身重の女も産後間もない女もことごとく捕え、腹を引き裂き、ずたずたにした。その光景はまるで囲いに追い込んだ子羊の群を襲うのと変りがなかった。

彼らは誰が一太刀で体を真二つに斬れるかとか、誰が一撃のもとに首を斬り落せるかとか、内臓を破裂させることができるかとか言って賭をした。彼らは母親から乳飲み子を奪い、その子の足をつかんで岩に頭を叩きつけたりした」

「ふつう、彼らは、インディオたちの領主や貴族を次のような手口で殺した。地中に打ちこんだ四本の棒の上に細長い鉄棒で作った鉄灸《てっきゅう》のようなものをのせ、それに彼らを縛りつけ、その下でとろ火を焚いた。すると領主たちはその残虐な拷問に耐えかねて悲鳴をあげて、絶望し、じわじわと殺された」

そのとき上げる悲鳴があまりうるさいと、口の中にも棒を押し込んで、それにも火をつけた。あるいは、体中に乾いたワラを縛りつけ、それに火をつけて焼き殺すということも行なわれた。

「スペイン人たちは、老若男女を問わず全員インディオたちを生け捕りにし、その穴（先を尖らせ、焦がした棒がいっぱい埋めこんである）の中へ放り込むことにした。こうして、彼らは身重の女や産

Theodor de Bry (1528~1598)

後間もない女、それに、子供や老人、そのほか生け捕りにしたインディオたちを穴の中へ放り込み、その穴の中は、しまいには串刺しになったインディオたちで一杯になった。ことに、母親とその子供の姿は胸の痛む光景であった。スペイン人たちは残りの人びとを全員槍や短刀で突き殺し、獰猛な犬に分け与えた。犬は彼らをずたずたにして食べてしまった」

「その無法者はいつも次のような手口を用いた。村や地方へ戦いをしかけに行く時、彼は、すでにスペイン人たちに降伏していたインディオたちをできるだけ大勢連れて行き、彼らを他のインディオたちと戦わせた。彼はだいたい一万人か二万人のインディオを連れていったが、彼らには食事を与えなかった。その代り、彼はそのインディオたちに、彼らが捕えたインディオたちを食べるのを許してい

Theodor de Bry（1528~1598）

た。そういうわけで、彼の陣営の中には人肉を売る店が現われ、そこでは彼の立会いのもとで子供が殺され、焼かれ、また、男が手足を切断されて殺された。人体の中でもっとも美味とされるのが手足であったからである」「ひとりのスペイン人が数匹の犬を連れて鹿か兎を狩りに出かけた。しかし、獲物が見つからず、彼はさぞかし犬が腹を空かしているだろうと思い、母親から幼子を奪ってその腕と足を短刀でずたずたに切り、犬に分け与えた。犬がそれを食いつくすと、さらに彼はその小さな胴体を投げ与えた」

以上はいずれも、ラス・カサスの書いた『インディアスの破壊についての簡潔な報告』という有名な本からの引用である（編集部注・第I章でも引用。以下同）。これを書いたラス・カサスは、ドミニコ会の修道僧で、早くから新世界でインディオに対する伝道にあたって

Theodor de Bry（1528~1598）

いた。しかし、スペイン人のインディオに対する所業があまりにひどいので、これに怒り、どれほど極悪無比のことが行なわれているかをスペイン本国人に伝えるためにこれを書いたのである。この本は、スペイン国内のみならず、全ヨーロッパで翻訳出版され、大変な反響を呼び起こした。いまでもよく読まれている。日本ではほとんど知られていない本だが、これは誰でも一度は読んでみるべき本の一つである。

ラス・カサスは、まず、

「この四〇年の間、また、今もなお、スペイン人たちはかつて人が見たことも読んだことも聞いたこともない種々様々な新しい残虐きわまりない手口を用いて、ひたすらインディオたちを斬り刻み、殺害し、苦しめ、拷問し、破滅へと追いやっている。(中略)

この四〇年間にキリスト教徒たちの暴虐的で極悪無慙《むざん》な所業のために、男女、子供合わせて一二〇〇万人以上が残虐非道にも殺されたのはまったく確かなことである」

と書き、つづいて、先にあげたようなエピソードをこれでもかこれでもかとうんざりするほど書く。そして、こういうのだ。

「私はキリスト教徒たちが無数の人びとを生きたまま火あぶりにしたり、八つ裂きにしたり、拷問したりしているのを目撃した。その殺し方や拷問の方法は種々様々であった。また、彼らは生け捕りにしたインディオたちをことごとく奴隷にした。インディオたちが蒙《こうむ》ったこのような虐殺や破壊は数知れないので、どんなに筆をつくしても、言いつくせないであろう。実際、私がどんなに多くを語ったところで、その千分の一も説明したことにはならないのである」

あれだけ数多くのエピソードを書きながら、まだそれが一〇〇〇分の一にもならないというのである。思わずページをおいて考えこんでしまう。どんなに想像力を働かせても考えられないほど恐しいことが起きたのである。

なぜスペイン人はインディオを殺したのか

結局のところ、いったいどれだけのインディオが殺されたかについては、いろいろの見積りがある。ラス・カサスは、この一〇年後に書く『インディアス史』の中では、殺されたインディオの総数を四〇〇〇万から五〇〇〇万に引きあげている。現代の推定は、エドゥアルド・ガレアーノが『収奪された大地―ラテンアメリカ500年』の中で次のように述べている。

「信頼するに足る最近の研究は、コロン（コロンブス）によるアメリカ発見以前のメキシコの人口は三〇〇〇万と三七五〇万のあいだを上下していたとしているが、アンデス地方にも同程度の住民が住んでいたと推定されている。一方、中央アメリカは一〇〇〇万ないし一三〇〇万の住民を擁していた。外国の征服者たちが水平線上に現われたとき、アステカ、マヤ、インカの人々は合計で七〇〇〇万から九〇〇〇万に達していたのである。ところが一世紀半後には、全部でわずか三五〇〇万に減少してしまっていた」

アステカ、マヤ、インカだけで、六〇〇〇万から八〇〇〇万以上の人が抹殺されてしまったのである。もちろん、それはスペインの直接的殺害によるものだけではなかった。スペイン人がヨーロッパからもたらした疫病によるところがかなり大きかったのである。疫病といっても、はしか、天然痘、インフルエンザなど、ヨーロッパ人にとっては普通の病気である。これらの病気が、免疫を持たぬインディオの命を簡単に奪っていったのである。新大陸からもたらされた性病があっという間にヨーロッパに広まったのとちょうど逆の現象が起きたのである。

だが、悪疫がいくら猛威をふるっても、このように、人口の九割もの命を奪うことはできない。悪疫は流行しながら同時に人々に免疫を与えていくから、いつか流行は終息するのである。十四世紀のヨーロッパで猛威をふるったあのペストですら、人口の三分の一を奪ったところで終息している。

やはり、責任の大半はスペイン人による殺戮にあるといってよいだろう。だいたい悪疫の流行にしても、スペイン人がわざと細菌やウイルスのついた毛布をインディオたちに与えて人工的に流行させたこともあるといわれる。

ガレアーノがあげた数字はあくまで、アステカ、マヤ、インカにかぎった数字である。その他の地域でも、同じような絶滅現象がいたるところで起きていた。

たとえば、先に引いたラス・カサスの引用は、最初のスペイン人植民地であるエスパニョーラ島(現在のハイチ、ドミニカ)で起きたケースだが、この島は豊かな島で、コロンブスが上陸したころは三〇〇万もの人口があったのに、ラス・カサスが『簡潔な報告』を書いたときにはわずか二〇〇人になってしまっていたという。あるいは、バハマ諸島の場合は、五〇万人が住んでいたのに、それがわずか一一人になってしまった。同じようなことは、キューバでも、ジャマイカでも起き、カリブ海諸島はほとんど全滅に近い惨状を呈した。中米でも、ニカラグアには一〇〇万人以上のインディオがいたのに五〇〇〇人しか残らなかったなどの例がある。

あまりに沢山のインディオを殺してしまったために労働力不足が起きたところでは、アフリカから黒人を奴隷として輸入してきた。いまカリブ海諸国は、黒人人口が圧倒的に多い国が幾つかあるが、それらの国は、黒人奴隷の末裔の国なのである。中南米の国の人口構成を見て、白人と黒人とその混血であるムラートでほとんどという国が幾つもあるが、それは皆、インディオを殺しつくした国なのである。あるいは、アルゼンチン、ウルグアイ、チリなど、白人がほとんどという国があるが、これはインディオを殺しつくしたが、黒人奴隷をいれなかった国である。

インディオと、メスティーソ（インディオと白人の混血）がほとんどという国が幾つかあるが、これだけがインディオの伝統を今に残している国なのである。そしてパラグアイはイエズス会伝道村のおかげで、いまも国民のほとんどすべてがインディオ系であり、スペイン語と同時にグアラニ語が公用語になっているという珍しい国である。

なぜスペイン人はそんなにインディオを殺したのだろうか。ラス・カサスは、

「その原因はただひとつ、ひたすら彼らが黄金を手に入れるのを最終目的と考え、できる限り短時日で財を築こうとし、身分不相応な高い地位に就こうとしたことにある」（『インディアスの破壊についての簡潔な報告』）

という。

インディオの惨状を報告しているのは、ラス・カサスだけではない。前に引いたモトリニーアも

同じようなことを報告しているが、彼もまた、その原因は黄金欲であるという。「もしなにが原因となってこれほど多くの惨劇が起こったのかと尋ねられれば、私は原因は人間の持つ富への欲望であると言いたい。つまり、一体だれのためだかは知らないが、人々が競って貴重品箱の中にたかが何本かの金の延べ棒を入れようとしたことが原因なのである」(『ヌエバ・エスパーニャ布教史』)

実質的な奴隷制

コンキスタによる直接的な富の収奪が一段落すると、次の富の主要な源泉は、鉱山と、農場の経営だった。

それがどれほどの利益を生むものなのか、コルテスを例にとってみよう。コルテスが一五四七年に死んだとき、彼の遺産は五〇万ペソにのぼったという。これは遺産相続のためにはじかれた数字だから、いまの日本と同じように、実勢価格よりははるかに低いものになっている。ペソの換算は何を基準にするかによって違ってくるが、金価格からいうと、おおむね一ペソ一万円と考えてよいだろう。

コルテスの資産は主として、鉱山、農園、牧畜の三つからなっていた。鉱山は六五も保有しており、農園も大きなものを一〇ヵ所以上持っていた。砂糖、養蚕、トウモロコシなどをやっていたが、一つの農園の砂糖生産だけで当たり年は四万五〇〇〇ペソの収入があった。牧畜は一ヵ所一万頭の牛を放牧する牧場が何ヵ所かにあった。それやこれやを合わせて、コルテスは最低でも年に純益七万ペソはあげていたろうと推測されている。数年間でアステカ王国から得たくらいの富は簡単に手にできたのである。

この富の源泉がインディオの労働力だった。スペインでは表向き奴隷制は認められていなかった。代りに、エンコミエンダ制というものがあった。エンコミエンダとは「委託」を意味する。つまり、スペイン国王が一定のインディオの保護と教化を特定のスペイン人に委託するのである。委託されたスペイン人は彼らに住む所を与え、生活を保証した上、彼らをキリスト教にしなければならなかった。そして、彼らを労働に使うときは、賃金を払うことになっていた。

しかし、これは形式だけで、実質的には奴隷制と同じことだった。ラス・カサスはこう述べている。「戦争が終ると、男たちは全員殺されてしまっており、生き残ったのはいつも若者や女や子供たちだけであった。キリスト教徒たちはその生き残ったインディオたちを仲間うちで分配しあった。彼らは総督と呼ばれた札つきの無法者から授かった恩賞に応じて、それぞれ三〇人、四〇人、一〇〇人、二〇〇人のインディオを受けとった。キリスト教徒たちによれば、インディオたちを分配したのは、彼らにカトリックの信仰を教え、愚かで残酷な、欲深くて悪習に染まった彼らの魂を救うというのが口実であった。ところが、キリスト教徒たちがインディオたちに行なった救済、あるいは、彼らに示した関心とは、男たちを鉱山へ送って耐え難い金採掘の労働に従事させることと、女たちを彼らが所有する農場に閉じ込め、頑強な男のするような仕事、つまり、土地の開墾や畑の耕作などに使役することであった。彼らがインディオたちに与えた食物は雑草やそのほか滋養のないものばかりで、そのために出産後の母親は乳が出なくなり、大勢の乳飲み子が生後間もなく死んでしまう結果になった。夫は遠く離れた所にいたので妻に会えず、そのため、彼らの子孫はとだえてしまった。苛酷な労働と飢えのために夫は鉱山で、妻は農場でそれぞれ死んでしまい、こうして、島に暮らしていたインディオたちの大半が死にたえた」（『インディアスの破壊についての簡潔な報告』）

鉱山での重労働を原住民に

コルテスの場合は、このようなエンコミエンダのインディオを二万三〇〇〇人も持っていた。これは特別大きかったが、数千人規模のエンコミエンダはいくらもあった。戦争やコンキスタのための探検行などは、エンコミエンダから徴発するインディオによって行なわれた。エンコミエンダを持つスペイン人は封建領主のような存在だった。

彼らは自分では全く働かず、インディオを使役するだけで、巨万の富を築きあげた。インディオを直接使うのは、少し身分が低いスペイン人の監督だった。インディオの給料は一応年に四〇ペセタくらい出たが、その相当部分がスペイン人監督にピンはねされていた。監督の給料は数百ペセタで、エンコミエンダの主は数万ペセタを稼ぐという利益が上に集中する構造になっていた。「哀れな原住民はいわば働き蜂みたいなもので、彼らがせっせと作り出す蜜をこうした者たちはちょうどなにもしない怠け者の雄蜂のように食べてしまう」とモトリニーアはいっているが、正しくその通りだった。

奴隷にならないですんだ原住民の運命も苛酷だった。

「戦争の時以来、スペイン人を非常に恐れるようになっていた原住民は、持っていた金をことごとく差し出した。それでも通常八〇日目ごとに支払われる税は止まることを知らず、原住民はこの義務を果たすために子供や土地を商人に売るようになった。その挙句、税が払えなくなると、ただこの理由だけから無数の原住民が死んでいった。ある者は拷問にかけられ、またある者は無惨にも獄中で死んだ。なぜならば、彼らに対する扱いは乱暴なものであったし、また家畜ほどにも顧みられなかった」(『ヌエバ・エスパーニャ布教史』)

労働条件が特にきついのは鉱山だった。地底奥深く、灼熱のような地熱の中で採掘をし、掘り出した鉱石を肩にかついでローソクの光を頼りに長い長い坑道と階段を地上まで登らねばならなかった。ろくに食物も与えられない状態でこの重労働に耐えられず、次々に死人が出た。ボリビアのポトシ銀山だけで、三〇〇年間で一〇〇〇万人が死んだといわれる。毎日一〇〇人は死者が出たということである。

銀の精錬には水銀アマルガム法が使われた。そのための水銀鉱山もあったが、そこでは水銀中毒が発生し、水俣病と同じように押さえようのないふるえがきて、手足が弱り、頭もおかしくなって、ここで働く労働者は、平均四年で死に、銀山でも水銀中毒が沢山発生し、その毒のために、ポトシ周辺三五キロに草木が一本もなくなった。

奴隷の顔には焼印が押され、彼らは売り買いされるたびに新しい焼印が押されたので、鉱山で働く奴隷の多くは、たいてい顔中焼印だらけだった。

奴隷労働が不足してくると、原住民が賦役労働という名目で駆り出された。賦役だから無料働きである。鉱山に駆り出された者の一〇人に七人が帰らなかった。

「原住民は六〇レーグア（一レーグアは五・五七キロ）あるいはそれ以上の道を食糧を背負って鉱山へと出掛けていった。ところが、ある場合には自分のために持ってきた食糧が目指す鉱山に辿りついて間もなく底をつくか、あるいは家に帰り着く以前に途中で尽きてしまったりすることが珍しくなかった。いずれの場合も原住民には、手持ちの食糧がなくなってしまえば、鉱山で死ぬか行き倒れになるかの運命しかなかった。というのも、彼らは食物を買う金も持っていないし、だれ一人彼らに食物を与える者もいなかったからである。またどうやら家に辿り着いたものの、身体の衰弱からすぐに死んでしまう者もいた。これら原住民の死体と、鉱山で死んだ奴隷の死体から猛烈な臭気が立ち昇り、疫病の原因となったほどだった。ことにオアハーカの鉱山の場合はひどく、ここでは周囲半レーグアにわたる地域と街道の多くの部分が死体と骨とで足の踏み場もないくらいだった。死体に群がりくる鴉や他の鳥は太陽を覆うほどであった。このために沿道およびこの地方の多くの町や村が無人の地と化した。原住民の中には家や畑を捨てて山の中に逃げこんでしまった者もいた」（前掲書）

スペインが新世界から得た富というのは、このように、インディオに対する一方的な収奪によって得たものだったのである。

インディオ虐待に反対した聖職者たち

このような非道な状況に対し、唯一闘いを挑んだのは、もっぱら聖なる動機で新世界にやってきていた聖職者たちだった。聖職者たちは、自分たちがその魂を救わんとしているインディオたちが、次から次に強欲なスペイン人たちに殺されていくという状況に我慢できなかったのだ。

一五一一年、アントニオ・デ・モンテシノスというドミニコ会の修道士が、エスパニョーラ島の教会で、次のような説教をした。

「私がこの説教壇に上ったのは、あなたがたがインディオに対して犯している罪をあなたがた自身に気付かせるためである。私はこの島の荒野の中で叫ぶキリストの声である。この声はいう。あなたがたは地獄行きの大罪を犯している。その罪のうちに生き、かつ死ぬと。なぜなら、あなたがたは無辜《むこ》の民に残虐と圧政を働いているからである。言ってみよ。いったい、あなたがたはいかなる権利、いかなる正義にもとづいて、あのインディオたちをかくも残酷で恐るべき隷属の中にとじこめているのか。いったい、あなたがたはいかなる権威によって、先祖伝来の土地につつましく平和に暮していたインディオたちにかくも忌むべき戦いをしかけたのか。いかなる理由で、あなたがたは彼らに充分な食事を与えず、病にかかっても治療を施さず、ひたすら彼らを圧迫し、疲労困憊させるのか。あなたがたは彼らに過重な仕事を押しつけ、そのため、彼らは病に倒れ、死んでしまう。いや、むしろ、日ごと金をしぼりとろうとするあなたがたの欲望が、彼らを死に追いやっているのである。彼らは人間ではないのか。彼らは理性的な心を持ちあわせていないのか」(『スペインの新大陸征服』)

この説教に対し、スペイン人たちは怒り狂い、ドミニコ会に押しかけて、陳謝と取消しを求め、モンテシノス修道士を島から追放するよう要求したという。

スペイン人たちの大多数は、自分たちがしていることを悪いことだとは思っていなかったのである。インディオは人間以下の存在であり、奴隷にされて当然と考えていたのである。

聖職者たちも負けてはいなかった。スペイン国王に直接訴えて、インディオ虐待をやめさせるよう働きかけた。前記したラス・カサスの『簡潔な報告』も、そのような働きかけの中で生まれたものである。

それに対して、反対の立場からの反論もあり、インディオの人間性をめぐる大論争が十六世紀のスペインでは激しく展開されるのである。そのうち最も有名なのは、一五五〇年に、カルロス一世がバリャドリというカスティリヤの古都に、一流の神学者、司法官、枢機会議員などを審議委員に任じて、インディオの奴隷化賛成派、反対派双方の意見をとことん闘わせた〝バリャドリ大論戦〟である。この論戦については、ルイス・ハンケ『アリストテレスとアメリカ・インディアン』(岩波新書)に詳しいから、それを読んでいただくのが一番である。簡単に紹介しておくと、賛成派の代表として論陣を張ったのは、当時一流の法学者のセペルベダであった。セペルベダは、アリストテレスの先天的奴隷人説を採用して、インディオの奴隷化を擁護したのである。アリストテレスによれば、人類の一部は先天的に奴隷たるべく生まれついている。また、人類の他の一部は先天的に主人たるべく生まれついており、先天的奴隷が、先天的主人に奉仕するのは当然だというのである。

インディオは例外なく生まれつき知能が低く、粗野で劣等な人間で、非人間的で野蛮な習慣を持っている。これこそ先天的奴隷人であり、彼らは、生まれつき知能が高い主人役のスペイン人に奉仕するのが当然だというのである。

「哲学者たちの教えるところによれば、賢明な思慮ある人びとは、彼ら劣等者をして自分たち優越者に奉仕せしめるために、また劣等者身身の福利のために、彼らを支配するのだ。劣等者がこの支配を拒否する場合には、彼らを武力によって強制的に服従させることが許されるし、狩で野獣を撃ち倒すと同様の正当性をもって彼らに戦争をしかけることができる」

というのが、セペルベダの結論であった。

こういう主張をする人が、当時は、一流の法学者だったのかと、現代人は笑うかもしれない。しかし、よくよく考えてみると、このような考えは、そう珍しいものでもない。いまでも南アフリカ連邦の白人たちはこう考えているのだし（編集部注・一九八〇年代当時）、アメリカの人種差別主義者も、黒人のことをこう考えているのである。日本人だって、ついこの間まで、中国人をチャンコロと呼び、三等国民と蔑視し、インディオを殺すスペイン人のように平気で虐殺してきたのである。

歴史をたどると、このように他人種を人間以下の存在と見て、人間以下にしか扱ってこなかった例はいくらもある。ルイス・ハンケによれば、アメリカではアメリカ・インディアンが「悪魔の子」「人間の形をした獣」などと見られたし、黒人を「人間ではなく家畜」であると論証する人類学者がいた。ハワイでは、原住民を「人間と他の獣とを結ぶ中間的生物」と見た伝道士がいたし、オーストラリアでは、「原住民が文明を受け入れることは、サルがユークリッドの問題を理解するのと同じくらい困難」といった人類学者がいたという。

ともかく、このセペルベダの主張は、新大陸のスペイン人から大歓迎された。メキシコの市議会（当時は全議員スペイン人である）は感謝を決議し、感謝の念をあらわすとともに今後のさらなる活躍を期待する証として、「総額二〇〇〇ペソ分の宝石と衣服」を贈ることに決定した。

新大陸では、セペルベダのような考えが常識だった。インディオのためにも、自由より奴隷状態がいいというのである。

植民者の一人、ビリャサンテは、もしインディオを自由にしてやったら、

「インディオは以前の風習へ逆戻りし、怠惰にふけったり、裸のままでいたり、泥酔したり、分別のない行為をしたり、踊りに熱中したりするであろうし、祈禱師をたより、蜘蛛や蛇を食べるであろう」

といった。アイリヨンは、

「インディオは、自由なけだものであるより、奴隷でも人間であるほうがよい」

といった。現地のスペイン人は、インディオに〝善良な野蛮人〟のイメージを全く持っていなかった。インディオというのは、要するに劣悪で、下等、野蛮な人種なのである。『インディアス史』の著者、オベイドは、次のように述べている。

「彼らは生来怠惰で、悪習に染まり、陰うつかつ臆病で、概してうそつきで無気力な人びとである。

彼らの結婚は秘蹟ではなくて冒瀆である。彼らは偶像を崇拝し、淫奔で、男色を犯している。彼らの主な願望は食べ、飲み、邪教の偶像を崇め、獣同然の性行為に耽ることである。彼らの頭がい骨は厚くて固く、スペイン人は戦闘の際、剣がなまるのを防ぐため、彼らの頭を殴らないよう注意しなければならないほどである。そのような人々からいったい何が期待できるだろうか」（『スペインの新大陸征服』）

生贄の儀式

彼らが、インディオがどれだけ野蛮であるかを証明するために、すぐに持ち出すのは、インディオの食人の風習であり、人間を生贄《いけにえ》に捧げる彼らの宗教だった。

確かにインディオには、たぐいまれなる善良さがある反面そのような恐るべき風習を持っていた。アメリゴ・ヴェスプチの三回目の航海で、ブラジル沿岸を航行したとき、岸辺にインディオの女たちが群がっているのが見えた。そこで乗組員の中で勇敢な若者がバッテルロ（ボート）に乗っていって彼女たちに近づいた。

「かれが側へ来ますと、彼女たちはぐるりと取巻いて、からだにさわったり、じろじろ眺めたりして感嘆するのでした。こうしておりますときに、大きな丸太ん棒を持った女がひとり山のほうからやってきました。彼女はわれわれの仲間がいる場所へくると、うしろから近よっていって、その棒をふりあげ、すごい一撃をくわえましたのでかれはたおれて死んでしまいました。あっという間に、ほかの女たちはかれの足をつかまえて山のほうへひきずってゆくと、男たちが弓矢をもって海辺へ駆けてきて、われわれに矢を射はじめたのです。……すでに山では女どもがキリスト教徒をバラバラに切りはなし、大きな焚火をして、われわれの前でそれをあぶり、たくさんの切れっぱしを見せびらかしながら食っていました。男たちは身振りでもって、ほかの二人のキリスト教徒を殺して食ってしまったと示すのでした。われわれはおおいに嘆き悲しみ、全員にとって耐えられぬほどの憤りでありました。でありますから、われわれ一行のうち四十人以上のものは、上陸をして、かくも無残な殺戮と野蛮で畜生のような行為に復讐しようと提案したのであります……」（『航海の記録〈四回の航海〉』）

こういうことも確かにあるにはあった。食人種はそうどこにでもいるものではないが、かなりいることはいたから、スペイン人で殺されて食べられた人も結構いるのである。

また、彼らの民族宗教の生贄の儀式も、確かに恐しいものであった。

「生贄に捧げられることになった者は仰向けにこの石の上に寝かされる。この時、彼らは手足を縛られているので、その胸の部分はピーンと張りつめたようになる。石刀を手にした儀式の執行者は満身の力を込めて仰向けに寝かされた犠牲者の胸を切り開き、素早くその心臓を取り出す。（中略）儀式の執行者は、取り出した心臓を神殿の入口の上にある石の外側に向けて投げつけ、そこに血の跡をつける。落ちてくる心臓は地上でまだ少しピクピクしているが、その後すぐに祭壇の前に置かれた碗型の容器に入れられる。また、あるいは心臓を取り出すとこれを太陽に向けて高く差し上げることもあれば、時には神像の唇に血を塗りつけることもある。さらには心臓を老神官たちが食べてしまう場合もあるし、あるいは地中に埋めることもある。
心臓が抜き取られた後の犠牲者の身体は、ただちに人の手によって石段の上から投げ出され、ゴロゴロと落ちていく。下に落ちた死体は、もしそれが戦争捕虜のものであれば、彼を捕えた者が自分の友人や親戚の者たちと協力して運び去ってしまう。そしてほかの食物と一緒にその肉を料理して、翌日宴会を開きそこで食べてしまう。(中略)
犠牲者の死体のいくつかはさらに皮を剝《は》ぎ取られることもあった。その数はある所では二人から三人、別の所では四人から五人、さらに別の所では一〇といった具合で、メキシコ市の場合は、一二人から一五人に上った。剝ぎ取った皮は背中と肩の上の部分が開いていて、人間が着られるようになっていた。そして身体にぴったりと合う上着とズボンを身につけた時のように、できるだけぴったりとこのむごたらしくも恐ろしい衣装を着て、人々は踊るのだった」(『ヌエバ・エスパーニャ布教史』)
生贄に供せられるのは捕虜と奴隷で、人数は町によってちがうが、二、三〇人から多いところでは一〇〇人にものぼったという。
このような事実を引き合いに出して、セペルベダは、「耳を疑わざるを得ぬ人身御供、人肉を貪り食う恐るべき饗宴、神を恐れぬ偶像崇拝」と非難し、「かくも未開にして野蛮、かくも多くの罪に陥りかくも卑猥《ひわい》の風に染まった者たちが、敬虔なスペイン国王によって、またあらゆる美徳を具えた人道的国家によって征服されたのは、まことに正義にかなったこと」と主張したのである。このように野蛮なインディオの中には「人間性の痕跡すら見出し難い」、インディオとスペイン人の間には「猿と人間ほどの差がある」とし、インディオを「優れた文明と高い徳を具えた国家の支配下に置けば、彼らはコンキスタドールの知恵と法を教えられ、より良い道徳、価値ある風習、文明化された生活様式を身につけることができ、それは彼ら自身の利益になる」と主張したのである。

だが、新大陸におけるスペイン人のふるまいもまた、先に述べたことでわかるように、「人間性の痕跡すら見出し難い」野蛮かつ不正きわまりないものではなかったろうか。

だから、実は、スペイン人がインディオが人間であることを疑ったように、インディオの側でも、スペイン人が本当に人間であるかどうか疑っていた。

人間性をめぐる議論

ルイス・ハンケは次のようなエピソードを紹介している。ニカラグアの年老いたインディオの酋長がイエズス会士に次のように尋ねた。

「キリスト教徒とは一体何者か。彼らは玉蜀黍を、蜜を、綿を、女たちを、金を、銀を、要求する。キリスト教徒は働こうとしない。彼らは嘘つきであり、博奕打であり、邪悪であり、悪態をつく」

同じイエズス会士にペルーのインディオはこういった。

「われわれは、彼らがみずから吹聴するようなキリスト教徒で神の子だなどとは信じない。彼らはこの地上に男の胤《たね》によって女の腹から生まれた者でもない。こんな獰猛な動物は、海から生まれたにちがいない」(『アリストテレスとアメリカ・インディアン』)

あるいは、ラス・カサスはこんなエピソードを紹介している。キューバのあるインディオの酋長が、「キリスト教徒はなぜあれほど住民を虐待するのだろうか」といった。部下の者が、「彼らは生まれつき残酷で悪人だからでしょう」と答えた。すると酋長は、「ただそれだけで、あれほどの非道を行なうのではあるまい。彼らには、彼らが崇め、こよなく愛している神があるからだ。彼らが私たちを征服したり、殺したりするのはその神のためだ」といって、かたわらの黄金が沢山入った小籠を手に取って、「これがキリスト教徒たちの神だ」といった。そして、その神の前で、インディオの舞いと踊りを披露しようではないかと提案した。「そうすれば、この神は喜んで、私たちに悪事を働かないようにキリスト教徒に命じてくれるにちがいない」というのだった。全員がそれに賛成し、皆で黄金の前でくたくたになるまで躍りつづけた。その後で、こんな物を持っていたら、いずれ、キリスト教徒はそれを奪おうとして自分たちを殺すだろうと考えて、それを川に投げ捨ててしまった。しかし、この酋長は結局キリスト教徒に捕まって、生きたまま火あぶりされることになった。そのとき、木に縛りつけられた酋長のところにフランシスコ会の修道士がやってきて、キリスト教の教えを語り、いまこの教えを受けいれれば死んでから天国に行けるが、受けいれなければ地獄に落ちるといった。酋長はしばらく考えてから、「キリスト教徒たちも天国へ行くのか」とたずねた。そうだ、と修道士が答えると、酋長は、「もう二度とキリスト教徒には会いたくないから、天国には行かない」といった。(『インディアスの破壊についての簡潔な報告』)

インディオには、キリスト教が人間性に反する邪教と見えたのである。

ともかくインディオには、スペイン人がさまざまな意味で人間とは思えなかった。プエルト・リコ島で十六世紀のはじめ、スペイン人は人間ではないから死なないという噂がインディオの間で立ったことがある。あるインディオは、それを信じ、普通の人間が死ぬ状況にスペイン人を置くとどうなるのか実験してみようと思って、森の中でスペイン人を襲い、近くの川の中に引きずりこんで溺死させた。それでもインディオはスペイン人が死ぬとは思っていなかったので、頬っぺたを叩いたり、話しかけたりして、スペイン人が起き上がるのを待った。いつまでたってもスペイン人は起き上がらなかったが、インディオはいつか起き上がると思って辛棒強く待ちつづけた。そしてとうとうスペイン人の死体が腐り出して、はじめてスペイン人も死ぬのだと納得したという嘘のような実話がある。

この話をインディオの無知のせいにして笑うわけにもいかない。実をいうと、スペイン人もまた、インディオがどの程度に人間なのかを試す実験を何度も繰り返しているのである。

先に紹介したバリャドリ大論戦で、セペルベダとラス・カサスの間のインディオの人間性をめぐる議論には、結局、はっきりした結着がつかなかった。インディオは人間以下の存在と断ずるセペルベダに対し、ラス・カサスは、インディオも基本的にはスペイン人と同じ人間であり、知的にも立派な能力を持ち、いま野蛮な風習を持っていても、教化すれば、立派なキリスト教徒になると主張した。

「彼らは明晰で物にとらわれない鋭い理解力を具え、あらゆる秀れた教えを理解し、守ることができる。彼らはわれらの聖なるカトリック教の信仰を受け入れ、徳高い習慣を身につけるに足る能力を持ちあわせている。すなわち、彼らは神がこの世に創られたあらゆる人間の中で、とりわけ抵抗なく信仰を受け入れる人びとである。彼らは信仰に関する事柄を知りはじめると、非常に熱心に、しかも、一層深くそれを知ろうとする」(『インディアスの破壊についての簡潔な報告』)

インディオへの実験

セペルベダがいうように、本来低劣に生まれついているインディオは、奴隷として支配されることによってしか人間的に徳高い生活を送れないのか、それとも、ラス・カサスのいうように、教化さえすれば彼らは立派なキリスト教徒として自立していけるのか、実際に実験してみればよいではないかと考える人が何人か出現した。必ずしもこの大論争の結果ではなく、昔からインディオの知的能力、生活能力に関しては議論があり、その種の実験が各地で何度か行なわれているのである。実験者も、実験の方法もさまざまだったが、基本的には、インディオに、通常のスペイン人が持つのと同じような経済的装備を与え、彼らがそれを活用して立派に自立して生きていけるかどうか見ようということだった。畑や家畜を与え、道具を与え、知識も与えた上で、自由にやらせた。しかし、実験の結果はおおむね失敗だった。あるインディオは、妻とともに一日飲んだくれ、さっぱり働こうとしなかった。別のインディオは一週間の食糧を一日で食べてしまった。皆自分の食べる食糧さえ生産せず、怠惰な日を送った。あるいは、自由にさせたら、四散して帰ってこなかったという例もある。あるいは金鉱山を実験場にして、好きに掘らせたらちゃんと金を掘るかどうかという実験もあった。これもだめだった。彼らには、食糧と金を掘る道具を与えたが、彼らは黄金より食糧が関心の的で、食糧があればろくに働こうとしなかった。彼らが掘った金は食い扶持《ぶち》にも足りなかった。

結局、インディオは本来怠惰で、とても自立できないという結論を導き出す人が多かったが、このような実験をもって、簡単にそういう結論を導いてよいかは疑問である。疑いもなく彼らは、スペイン人に会う前は自立した経済生活を送っていたのであり、飢えていたわけではなかった。それは、スペイン人の生産様式に合ったものではなかったかもしれないが、自立能力があるのは当たり前である。そして、彼らにはスペイン人のような物欲、黄金欲がないから働かなかっただけで、物欲に追われてあくせくする人間の側から見れば彼らは怠惰に見えたかもしれないが、逆に彼らからスペイン人を見れば、必要以上にガツガツしていると見えたろう。

この他にも、さまざまの実験が行なわれた。良心的な聖職者たちは、インディオを奴隷状態に置くことなく彼らを教化する道をいろいろ探ろうとしたのである。注目すべき実験の一つは、ラス・カサスが一五三七年に行なったもので、これは、ジャングルの中にいる純粋に未開のインディオの中に、武器も何も持たずに伝道士だけが入っていき、純粋に平和的な方法でキリスト教を伝道することができるかどうかという実験である。それまでの伝道士は、未開の地に一人で入っていくことはなく、コンキスタドーレスとともに、あるいはその後について入っていったのである。つまり、伝道の対象は征服されたインディオであった。今度はそうではなく、スペインの文明が全く入っていない純粋未開の地で自然状態で生活しているインディオの中に入っていって、平和的に伝道しようというのであった。

グアラニ族のインディオ居住区へは何人も「立入禁止」である。地元の神父さんの案内で、インディオ集落Ⓑ（地図・2ページ）に入ることができた。10リットルのワインを手土産に、酋長に取材・撮影の交渉。酋長が磔刑のイエス像を彫刻するところを見せてもらうことができた。

これは見事に成功するのである。ラス・カサスが選んだのは、グアテマラのジャングルの奥地で、そこに住むのはきわめて凶暴なインディオであるために、これまで探検を試みたコンキスタドーレスも皆失敗したという場所だったが、そこの原住民に、音楽と雑貨のお土産を武器に、一つのインディオの集団を丸ごと改宗させることに成功したのである。

パラグアイのイエズス会の伝道村も、この実験と同様、ジャングルの奥地に単身で入っていった修道士によって切り開かれるのである。

それはこのような先駆的業績の上に築かれたともいえるわけである。

純粋に未開のインディオのところに、武器を持たずに入っていくことは、大変に勇気ある行為だった。未開のインディオには野蛮な種族が多かったから、殺されて、食われてしまう可能性が充分にあった。だから、後の時代になっても、なかなかそこまでする伝道士はあまり出なかった。ジャングルに入る勇気ある修道士の一人であったフランシスコ会のフワン・デ・シルバは、福音を一言も伝えないうちに殺されて食われてしまったらどうするのだ、犬死ではないかと問われたときに、こう答えている。

「その場合は殺されるのがよい。教えはかつて宣教師の血を伴わずに説かれ、広められたことは決してないのだ。幾人かが殺されたとしても、幾人かは生き残るであろう。殉教者の血が流されることなくして、異教徒に福音を説く新しい道を見出すことは困難である。流される殉教者の血こそ教会の種子となるのだ」(『アリストテレスとアメリカ・インディアン』)

パラグアイの伝道村にしても、実に二六人の殉教者の血の上に建てられているのである。

ユートピア村の出現

もう一つの注目すべき実験は、フランシスコ会のバスコ・デ・キロガが、一五三五年にメキシコのサンタ・フェに建設したユートピア村である。

キロガは、メキシコのインディオの生活が荒廃しており、街路で犬や豚の餌をあさる孤児たちまでいる惨状を何とかしなければと思い、彼らを集めて、自分たちの手で食糧を生産しながら、信仰生活をする共同体を作ろうと思い立つのである。そして、トマス・モアの『ユートピア』を徹底的に研究して、その共同体をこれとそっくりに作るのである。部分的には多少のちがいがあるが、家族単位の民主主義で政治組織が構成されているとか、全員が一日六時間ずつ労働し、余剰生産物は倉庫におさめておいて、必要に応じて誰にでも分配されるとか、主要なポイントは全て同じである。（『新世界のユートピア』）

そして、また後に述べるが、イエズス会の伝道村もまた、その主要な構造はこれとそっくりなのである。これまた伝道村の偉大な先駆者であったということができる。

キロガのユートピア村は、少なくも彼が死ぬまでの三〇年間は理想的に運営されたとの記録はあるが、その後どうなったかは定かでない。ユートピア村は、経済的にも成功をおさめ、年間三〇〇〇万から四〇〇〇万ペソの収益をあげていたという。そのため、周囲のスペイン人からの激しい嫉妬心の対象となり、さまざまの妨害を受けたり、誹謗《ひぼう》中傷を流されたりした。

目の前に、そのようなユートピア村が出現し、そこでインディオが幸せに暮している姿を見せつけられたら、インディオを奴隷にして収奪しているスペイン人たちは困るわけである。後に述べるように、このような妨害、誹謗中傷もまた、イエズス会伝道村の先駆となる。

イエズス会の伝道村は、このような流れの中で生まれるのである。

イエズス会は遅れてやってきた修道会だった。それというのも、設立されたのが遅かったからである。イエズス会の創設者イグナチオ・ロヨラが生まれたのは一四九一年、コロンブスのアメリカ発見の一年前のことである。イエズス会が修道会としてローマ教皇から公認されるのは、一五四〇年であるが、そのときはすでに、コルテスのアステカ征服も、ピサロのインカ征服もとっくに終っていた。キロガのユートピア村もはじまっていたし、ラス・カサスの平和的方法によるジャングル伝道の試みもはじまっていた。

イエズス会は新興の修道会であったから、若いエネルギーで満ちあふれていた。イエズス会士たちは、ほとんど熱狂的といってよいほどの強い信仰の持ち主で、世俗的願望の一切を捨てて、生活を伝道に捧げることを固く決意している人々の集団だった。古い修道会には腐敗堕落した面が往々にして見られたが、この修道会にはそれがなかった。

創設者のイグナチオ・ロヨラは、スペインの貴族の出で、若いときは、「世俗の虚栄におぼれ、むなしい名誉欲をいだき、武芸に喜びを見出していた」(『自叙伝』)が、三〇歳のとき、戦争で負傷して病床にあるときに、「ある夜のことだが、目をさましていると、幼きイエズスを抱いた聖母の姿がくっきりと目の前に現われた」という霊的体験をする。これを契機に、彼は信仰の道に入るのだが、その入り方が劇的だった。持っていた金も資産もすべて捨て、着ていた服も乞食に与え、袋を作る大麻で作った寛衣一枚と一本の巡礼杖と飲み水を入れるひょうたん一つで、エルサレムへの巡礼の旅に出るのである。この日から彼は一生を清貧のうちに送り、世俗的欲望を一切断ち切った一生を送っている。

イエズス会に入る人は、彼のように一切の世俗的資産、一切の世俗的欲望、一切の世俗的執着を捨てることを求められる。

ロヨラはまた祈りの人であった。毎日ひたすらに祈った。そして、祈りの中でたびたび神秘的体験を持った。はじめて信仰に入るきっかけとなった聖母マリアの出現のように、聖なるものとの直接の交感を度々体験し、その度に涙を流して感激した。彼の『自叙伝』と『霊的日記』は、そのような神秘的体験で満ちあふれている（『自叙伝』、『霊的日記』ともに『ロヨラのイグナチオ　その自伝と日記』）。

「修道院の階段のところで聖母の聖務日課を唱えていると、霊がだんだん上げられ、楽器の三つの鍵盤の形で至聖三位一体を見るような気がした。それを見ている間、押さえがたいほど沢山の涙があふれ、すすり泣いた。この朝修道院から出発した行列に加わって行ったが、食事のときまで涙を止めることができず、食事のあとも三位一体のことしか語れなかった」（『自叙伝』）

「また、ある日、この町の例の修道院の聖堂でミサを拝聴していたときのことだが、ご聖体が奉挙された瞬間に、上から降りそそいで来る白い光のようなものを内的目で見た。そのとき、はっきりとわかったことは、聖体の中にわれらの主イエズス・キリストがましますということであった」（『自叙伝』）

イエズス会内部での厳しい修行

聖体というのは、前に述べたように、聖餐式で食べるパンである。そのパンはキリストの肉の象徴として食されるのだが、そのパンにキリストが臨在しているのを見たというわけである。

「祭壇を準備しているとき、祭服をつけて後、またミサの間にも非常に大きな霊動を感じ、心の奥底から涙があふれ出て、すすり泣きが起こる。それで、しばしば舌がこわばり、ことばがつまった。ミサがすんでからも同じであった。ミサ中はほとんど、また準備のときもミサの後にも、おん父のみ前で私に対し非常に情けぶかい態度をとっておられる聖母を見、また、それを深く感じていた」（『霊的日記』）

ロヨラの像が伝道村には必ずあったが、そのほとんどが両手を広げて天を仰いでいるポーズである。視線は空中の一点を凝視しているかに見える。これは、ここに記したような霊的体験をしている最中のロヨラを表現したものである。

「ミサの前、またミサ中、信心を感じ、涙を流さずにはいられなかった。収入の件に関しては何も受け取らないという考えだった。また、後でいつもと違いかなりはっきりと、収入の一部をたとえ聖堂のためにでも受け取るのは間違いだとわかり、また、収入のすべてを受け取るとしたら他人のつまずきになり、主なる神がかくも称賛される清貧を弱める手段にすぎなくなるとわかった」（前掲書）

聖イグナチオ・ロヨラ　H.116cm.（サンチアゴ）　1491年スペインに生まれる。パリ大学在学中、聖フランシスコ・ザビエルら6人の賛同者を得て、1534年イエズス会を創立する。1540年教皇パウロ3世から修道会として認可され、イエズス会初代総長となる。

このときロヨラは、イエズス会の会憲を作っている最中だった。会憲の中で、教会は収入を得てよいかどうかを決めるのに迷っていた。一切の収入を拒否するか、聖堂を建設するとか、大きな典礼があるといった場合にかぎって収入を認めるか、それとも、必要な収入ならいつでも得てよいとすることにするか。ことは、イエズス会が重んじていた清貧の原則にかかわる問題だった。ロヨラは信仰に入ったときから、無一物無収入でここまでやってきた。収入がなくとも、神の恵みで必要なとき必要なものは手に入るという信念でここまでやってきた。それでやってこられたのである。しかし、修道会という大きな組織を作ってしまったとき、同じ原則でやっていけるのかどうか。かといって、修道会が自由に収入、資産を持つようになると、清貧を離れ、どんどん腐敗堕落が起きてくることは、他の修道会の歴史がよく示している。

ロヨラは迷い、毎日ひたすらに祈る。どちらが正しいのか教えて下さいと神に祈るのである。ひたすら祈れば、神が必ず正しい道を示してくれるという信念があった。そして、何度も祈りを繰り返したあげく、ここにあるように、一切の収入を拒否し、絶対の清貧を守ることにするのである。

ロヨラはこのような篤信の人であった。そして、他の会士にも自分と同じように深い信仰を持つことを求めた。そのために彼が重んじたのは「霊操」である。これは彼の作った言葉だが、肉体を体操によって鍛えるように、各人の霊魂も霊操によって鍛えなければならないということである。ロヨラはそのためのカリキュラムを作成し、これを『霊操』と名づけて出版した。

ロヨラは、改心して間もなく、カタルニャのマンレサという小さな町はずれの洞窟で一年間暮した。この洞窟の中で、彼は昼も夜も絶え間なく祈り、断食、鞭打ちなどの苦業を重ね、自分の霊魂を浄化しようとした。その間、何度も信仰から離れようとする烈しい内的誘惑や、信仰に対する疑惑や不安があり、それと悪戦苦闘した。結局、それに打ち勝つ手段は、祈りと観想、黙想である。それをどのようにしてやっていけばよいかの手引きが『霊操』である。

この書ははじめイエズス会内部の霊的指導の書にとどまっていたが、やがて、ローマ教皇からも絶讃を受け、全カトリック教徒に霊的修行の書としてすすめられると推挙され、いまや全世界で広く用いられ、ロヨラは全カトリック教徒の霊的指導者とうたわれている。

イエズス会士にならんとする者は、霊操だけでなく、あらゆる厳しい修行をすることを求められた。入会志願者は、まず第一修練として最初の二年間を病院で奉仕したり、巡礼や托鉢《たくはつ》をしてすごさなければならない。次に、第二修練として、八年間を人文・哲学・神学の研究に捧げなければならない。最後の第三修練として、一年間を霊操などの霊的修行にあてなければならない。それがすんではじめてイエズス会の正式メンバーになれるのである。

絶対服従の原則

厳しい修行とならぶもう一つのイエズス会の特徴は、絶対服従の原則である。絶対服従の対象は、まず、神の代理人たる教皇に対してであり、次いで、イエズス会の長上の者に対してであった。神の意志は絶対であり、それはカトリック教会を通して働くのであるから、教会は不可謬なのである。だから、「もし教会がわれわれの目に白と見える何らかのことを黒と定義したら、同じようにこれを黒と宣言すべきである」。(『霊操』)

また長上の者に対しても「何事も命じられることに霊的な喜びと忍耐をもってただちに進んで従い、命じられたすべてのことがらが正しいと自分にいい聞かせ、すべての反対意見や自分の判断を、一種の盲目的服従によって排除しなくてはならない」とされた。なぜなら、やはり神の摂理が長上の者を通して働いているからである。絶対服従する者は、どのように取り扱われようと、すべて自分の意志を持たず、なされるがままの死体であるかのごとくそれに従わなければならないとされた。

そして特に、イエズス会士は、会が力をいれていた世界布教のために、いつなんどき世界のどこに宣教師として派遣されようとそれに従うという誓願を立てなければならなかった。

そういう誓願を立てさせられたからといって、異国へ宣教へおもむくことが会士たちにいやがられていたということではない。むしろ反対だった。遠い異国へ宣教師としておもむき、そこで幾多の苦難にあい、ついには殉教することがイエズス会士の理想とされた。殉教する者は聖人となり、聖人は天国に直行できるのだった。

日本にキリスト教を伝えたフランシスコ・ザビエルは、その手本だった。一五四一年、できたばかりのイエズス会はザビエルをインドに派遣した。ザビエルはそれを命じられて、何も考えるひまもなく、わずか一日で旅立っている。ザビエルはまずインドにおもむき、そこに七年間滞在し、インドを足場に、マラッカ、マレー半島、モルッカ諸島、モロ島など、南アジアとインド洋一帯に布教したあと、一五四九年に日本に伝道にやってきたことはよく知られている。ザビエルは、日本で二年間布教をしたあと、さらに中国に渡らんとするところで病没している。

ザビエルのように、イエズス会士は命ぜられるとすぐ、いかなる任務にもつき、どこにでも旅立ち、そこで生涯を捧げた。このような絶対服従の原則を持つ組織は強い。軍隊がそうであり、共産党がそうである。しかも、イエズス会の場合、一人一人が徹底的に霊的に鍛えられ、堅忍不抜の精神を持ち、情熱に燃え、自己犠牲と献身をいとわなかった。そのようなメンバーが鉄の規律を持った集団として結集すれば、恐るべき力を発揮する。イエズス会は、一五三四年に誕生したときは、ロヨラとその親しい友人六人（その中にザビエルもいた）の、わずか七名の集団にすぎなかった。それが、一五四〇年に修道会として認められたときには四〇人、それから一六年後、ロヨラがこの世を去る一五五六年には会員一〇〇〇人に達していた。それから二五年後の一五八一年には五〇〇〇名、一六一五年には一万三〇〇〇名に達し、世界各国で大きな勢力をふるうようになっていた。

イエズス会が最初に南アメリカに伝道士を派遣するのは一五四九年である。このときすでに、南米各地に、ドミニコ会、フランシスコ会、アウグスチヌス会などの既成教団がすっかり根をおろしていた。

新参者のイエズス会は、一つは都会に学校を作ることによって、もう一つは既成教団が手をつけていないジャングルの中の未開部族の中に入っていくことによって伝道の足場を得ようとした。

教育においてはイエズス会は設立当初からはなはだ熱心で、教育を通して若者を信仰に導くことができると考え、各地に学校を設立してきた。十六世紀当時、まだ一般に教育は普及していなかったが、教育を求める層は多かったので、イエズス会の学校は各地で大成功をおさめた。この時代の知的エリートの大半はイエズス会の学校で教育を受けたといっても過言ではないほどである。現在もヨーロッパでは、イエズス会の学校はエリートが通う有名校である。この成功にならって、南米でも、都会にイエズス会の学校を作っていった。

〝イエズス会の陰謀〟という言葉

ジャングルの奥の未開インディオへの伝道も各地で少しずつ進められていったが、それが最も大きな成功をおさめたのは、パラグアイのグアラニ族への伝道だった。

グアラニ族は、イグアスの滝を中心に、パラグアイ、ブラジル、アルゼンチンの三国に広がる広大なジャングルの中に住むインディオだった。

グアラニ族はきわめて原始的かつ野蛮な生活をしていたインディオで、食人の風習すら持っていた。定住地を持たず、遊動しながら狩猟採集生活をつづけていた。まだ鉄器を知らず、衣服を知らず、主たる武器は弓矢で、他の道具にしても原始的なものだけだった。その生活水準は事実上、新石器時代そのままといってよいくらいだった。

一六〇八年、イエズス会はスペイン国王フェリペ三世から、パラグアイのインディオに対する独占的な布教権を獲得する。それから一七六七年に、カルロス三世によってイエズス会がスペイン全土、全植民地から追放されるまでの一六〇年間、イエズス会はこの伝道を独占する。この間、イエズス会はこの地にスペイン人、外国人が入ることを一切禁じた。インディオだけのコミュニティを作ろうとしたのである。外国の影響を排除することで、このコミュニティのユートピア的純粋性を守ろうとしたのである。

それは最後まで成功した。あまりにも成功したが故に、それは妙な噂を立てられ、中傷された。イエズス会士以外の人は滅多なことでは伝道村の内部をのぞくことはできなかった。だから、イエズス会はここにイエズス会専制支配の独立国家を作っており、やがてはスペインから独立するつもりだとか、伝道村では実はインディオたちはみんな奴隷にされてイエズス会士に搾取されているとか、実はものすごい金鉱山を秘かに発見して、それをインディオを使って掘っているのだとか、いずれも全く根拠のないものだったが、こういう噂が飛びかった。誰も内部をのぞけない秘密の地域のことであったがために噂は噂を呼んだ。エンコミエンダでインディオを奴隷として使っているスペイン人たちは、伝道村の成功が面白くなかった。インディオに自由を与え、それが幸福に暮らしているという事実は、彼らの体制を危くするものだった。南米のスペイン人たちはあらゆる機会をとらえて、伝道村の活動を妨害し、その評判をおとしめようとしていたから、中傷的噂を喜んで広げた。そして、ついにはスペイン本国でもそれが信じられるようになったことが、イエズス会追放の原因の一つとなるのである。当時、ヨーロッパにおいても、イエズス会に対する風あたりが強かった。急速に宗教界でその勢力を伸ばしたイエズス会は、その絶対服従の一枚岩的組織があまりに強固であるが故に、敵が多く、常に警戒感を持たれていた。〝イエズス会の陰謀〟という言葉がよく聞かれた。そして、ヨーロッパ各王朝の絶対主義政権とローマ教皇が対立すると、イエズス会は、ローマ教皇に絶対服従を誓う集団であるから、どこの国においても、その持てる力を総動員して教皇側を援護して、王権と対立した。王権側から見れば、それはまさしく陰謀的だったのである。かくして、スペインで追放される以前から、イエズス会はポルトガルでも、フランスでも追放のうき目を見ていたのである。そして、スペイン追放の後も王権側からのイエズス会攻撃がつづき、一七七三年、ついに教皇クレメンス十四世は各国の王権との間の平和確保を目的として、イエズス会に解散命令を出すにいたるのである。イエズス会が復興を許されるのは十九世紀に入ってからで、パラグアイに再び戻るのは二十世紀に入ってからのことである。

奴隷狩り専門の集団・パウリスタ

しかし、イエズス会の伝道村に対する最も激しい攻撃は、隣のブラジルからきた。ブラジルはポルトガルの植民地で、ポルトガルでは奴隷が公認されており、国際的な奴隷商人のほとんどはポルトガル人だった。ポルトガルは喜望峰まわりのインド航路を確立する過程で西アフリカの沿岸一帯を次々に植民地としていった。ここで捕えたアフリカ黒人を、労働力不足に陥っていたアメリカ各地に奴隷として輸出し、莫大な利益を得ていた。先にも述べたように、カリブ海に多い黒人はその末裔である。ポルトガルの植民地であるブラジルにも大量の黒人奴隷が入った。その数約一〇〇〇万人といわれ、いまもブラジルに、黒人と黒人系の混血者がきわめて多いのはそのためである。このブラジルでは、黒人だけでなく、インディオもどんどん奴隷にされていた。ジャングルに行って、インディオを捕獲して奴隷として売り飛ばすのである。映画『ミッション』にもその様子が描かれているが、罠を仕掛けたり、戦争をして男を皆殺しにするか降伏させて、女子供など残り全員を捕獲するなどいろいろだったが、いずれにしても、捕獲する側も相当大掛かりにやらなければならない。しかし、奴隷はこの時代で一番の高額商品であったから、それでも面白いほど儲かった。こういう奴隷狩りを専門にする集団がサン・パウロを根拠地として沢山できていて、それがグアラニ族のいるジャングルにどんどん入ってくるのだった。彼らはサン・パウロから来るのでパウリスタと呼ばれていたが、軍隊なみの組織で、軍隊なみの装備をしていたから、インディオにはとても太刀打ちできなかった。毎年最低でも三万人以上のインディオが捕獲されて奴隷とされていたと推測される。これが、伝道村に容赦なく入りこんできた。伝道村それ自体を奴隷狩り目的で襲うことがたびたびあった。実はそれによって、イエズス会の初期の伝道村は幾つも壊滅させられているのである。

いま伝道村の跡が残っているのは、2ページの地図に見る通りパラグアイの首都アスンシオンから国道一号線を南にずっと下って、エンカルナシオンにいたる道筋と、パラナ河をはさんで対岸のアルゼンチンのミシオネス地方、さらにウルグアイ河をはさんだブラジルのリオグランテ・ド・スル地方である。

しかし、イエズス会が最初に伝道村を作ったのはここではない。最初の伝道村ロレトができたのは、このあたりからパラナ河沿いに約一六〇〇キロばかり上流にさかのぼった、グアイラ地方（いまはブラジル領）だった。イグアスの滝のずっと上流のほうである。

一六〇八年、イエズス会はここにはじめて二人の宣教師を送り込むのである。その翌年には、アスンシオンの南方二八〇キロあたり、パラナ河とパラグアイ河の合流する地点のイタグイ地方と、アスンシオンからパラグアイ河を西に渡ったタペ地方とに、宣教師が送り込まれた。

しかし、これらの伝道村は一つも残っていない。いずれもパウリスタの襲撃があまりに激しいので、せっかく作った伝道村を放棄し、安全な場所へ移住しなければならなかったのである。

念のためにいっておくが、このあたりは当時、全面的にジャングルにおおわれていた。いまは、日系人の開拓民などもかなり入って、この辺一帯ほとんどが開墾され、畑と牧場が見渡すかぎり広がっている。それでも原生林がところどころに残っていて昔の面影をある程度伝えてくれるが、昔は、どこまでいっても深いジャングルがつづいていたのである。

いまアスンシオンは人口四五万人でビルが建ちならぶ近代都市だが、イエズス会が布教をはじめた一六〇九年当時は、人口わずか六五〇人である。町というよりは、集落という程度だった。周囲はジャングルなので陸上にはほとんど道らしい道はなく、交通は船が頼りだった。

宣教師たちははじめ、ラス・カサスがグアテマラのジャングルでやったように、装身具や絹織物などの雑貨のお土産を持ち、音楽を奏でて彼らの歓心をひきつけながら原住民の中に入っていった。そして生活をともにしながら、彼らにキリスト教を教えていった。最初の受洗者が出たのは一六一一年である。

歌と踊りが好きなグアラニ族

グアラニ族は、酋長を中心とした数百人規模の部族として住んでいた。伝道はまず酋長に対して集中的に行なわれた。こういう部族社会では、酋長が改宗すれば全員が改宗する。しかし、酋長が改宗しないのに、部族の下位のメンバーを何人も改宗させるというようなことはできない。どの部族にも、呪術師ないし魔術師がいて、伝統宗教の祭祀をつかさどっているが、これが最後まで改宗には抵抗する。しかし、酋長が断固として主張すれば、呪術師も従わざるをえないのだから、まず酋長を改宗させるのが、未開民族に伝道するときは、常道なのである。イエズス会が日本に布教したときも、まず大名を改宗させることに力を注いだため、九州ではキリシタン大名が次々と出現した。イエズス会はさらに進んで、豊臣秀吉を改宗させようと力をつくしたが、これには失敗。逆にキリシタン弾圧をまねくことになる。もしあのとき秀吉が改宗していたら、日本もカトリックの国になっていたかもしれない。

グアラニ族は、前に述べたインディオのように、やはり、神の概念を持つ、非常に宗教的な民族だった。彼らの神はその名を「ツパ」といったが、このツパとはディオス（神）だったのだとして、彼らは自分たちの神をキリスト教の神に置きかえることでキリスト教を受け入れるのである。だから、グアラニ族は古い宗教を捨てて新しい宗教に改宗したのではなくて、古い宗教の中身を新しい宗教に置きかえたといったほうが近いと、『グアラニ族の征服と教化』の著者、バルトメウ・メリアはいっている。

置きかえの例は他にもある。グアラニ族の民族宗教の中心概念の一つに、「イヴィ・マラネイ」（スペイン語では tierra sin mal）というものがあった。これは、完全無欠な土地、一切の悪がない土地、誰も手をつけていない土地を意味する。グアラニ族はこれを永遠に追い求めつづけているのである。前に述べたようにグアラニ族は定住地を持たない。現に住んでいるところはいつでも仮の住居である。それはイヴィ・マラネイに向かう途中で設営されたキャンプのようなものである。時期がくれば、またイヴィ・マラネイを求めて移動するのである。グアラニ族の家は新しい設営地ですぐに作ることができるように、またいつでも捨てて移動できるように、実に簡単な作りになっている。昔、日本の農家はワラぶきの屋根でできていたが、あの屋根の部分だけを地上にのせたものがグアラニ族の家である。ただし、日本の農家ほどワラぶきの部分が厚くない。やはり禾本科《かほんか》の植物を利用しているが、もっとあっさり作ってあり、通気性がよくなっている。光も少し通るくらいの薄さである。そういう家を何棟か作り、一つ一つの家では何家族もが一緒にごろ寝ないしハンモックで寝た。大きな家では一〇〇人以上の人が一緒に寝ることもあった。天気がよければ、日常生活は家の外でなされ、家の中に入るのは寝るときくらいだから、ぎゅうづめでさしつかえなかったのである。ただ、多人数が一緒に寝ることもあって、グアラニ族は性的にかなり放縦であったといわれ、酋長ともなれば、二〇人から三〇人の女と関係を持つことも珍しくはなかったという。また、社交的儀礼として女房が交換されることもあり、女性も複数の男性関係を持つことが珍しくなかった。そこでイエズス会の神父は、彼らを一夫一婦制に導こうとして、伝道村では、長屋形式の大きな家を作り、家族ごとにわかれて住むように指導するのである。

しかし、わかれて住むようになっても、大きな家で多家族が一緒に生活するという文化的伝統はなかなか消えなくて、お互いに他人の家に自由に出入りしあい、西欧的なプライバシーの概念はついに成立しなかった。この文化的伝統はいまのパラグアイ人にも受けつがれ、どこにいっても、隣近所を含めてみんな大きな家族の一員という雰囲気が感じられる。

話を戻すと、グアラニ族は歌と踊りが好きで、ときには何日間にもわたってそれをつづけるが、それはたいてい宗教的な祭儀である。そこには、イヴィ・マラネイへの憧れ、希求が表現されていることが多い。そして、移動するときには、呪術師が呪術によってその方角を決定するのである。しかし、どこにいっても、現実の土地は、必ず何らかの欠陥があり、イヴィ・マラネイではない。

「旅の予定にはないが、グアラニ族の末裔の住むインディオの集落に行ってみたい」とドライバーの斉藤さんに告げ、インディオ集落A（地図・2ページ）に。ところが男たちは狩猟に出かけており、女、子供と2人の男性だけだった。家屋は立花さんの観察通りの質素な作りである。

そこでまた、本当のイヴィ・マラネイを求めて新しい旅に出ることになる。グアラニ族はこれを繰り返してきたのである。イヴィ・マラネイはどこかにあるにちがいないのだが、どこに行っても見つからないところなのである。かくしてイヴィ・マラネイは次第に彼岸性を帯びてくるが、かといって、それはこの世には全く存在しないのだと見かぎることもしない。ただ、永遠の探求をつづけてきたのである。

これがキリスト教との出会いによって、イヴィ・マラネイとはパライソ（天国）のことであったのかということになるわけである。現代グアラニ語では、イヴィ・マラネイは、欠点のない土地、処女地という意味と、天国という意味の両方の意味を持っている。二つの概念は完全に一致してしまったのである。

この世は不完全だという世界観

グアラニ族の伝統思考によれば、人間の魂は二つの部分からできている。一つは天から与えられた神聖な魂で、言葉＝魂（palabra-alma）といわれていた。この魂を持つことによって人は言語能力を獲得し、人と人はコミュニケーションができるようになるのである。また、この魂が人間性のあらゆる高貴な部分をもたらしてくれる。この魂は人が死ぬとその肉体から離れ、天に帰る。『ヨハネによる福音書』の冒頭には、次のような有名な一節がある。

「はじめにことばがあった。ことばは神とともにあった。ことばは神であった。ことばははじめに神とともにあった。すべてのものはこれによってできた。できたもののうち、一つとしてこれによらないものはなかった。このことばに命があった」

これは日本人にはきわめて難解とされている部分だが、グアラニ族にとっては、彼らの伝統思考にぴったり一致している部分ということになる。

魂のもう半分は、地上性の魂で、動物的霊魂である。人間のあらゆる不完全さ、獣的部分はすべてこの魂によってもたらされる。この魂は人の死後、その肉体を離れるが、亡霊となってあちこちをさまよいながら苦しむことになる。

グアラニ族の世界観によれば、この世は不完全であり、不完全な人間が完全を求めてさまよっているのがこの世界である。本当に完全なものが求められるのは、魂の神聖な部分が肉体を離れてからである。それまでのこの世にある間は、彼岸における完全性を求めて宗教的祭儀をひんぱんに繰り返さねばならない、ということになっている。

この世界観がまたキリスト教を受け入れるのに適していた。エゴン・シャーデンは、『グアラニ文化の基礎的諸様相』の中で、「グアラニ族ほど、その精神生活が彼岸的なるものへ集中している民族はないから、この世のいかなる民族にもまして、イエス・キリストの〝私の王国はこの世のものではない〟との教えに深くうなずいたことであろう」と述べている。そしてまた、この他にも、イエスの教えが彼らにぴったりきたであろうところとして次の箇所を指摘している。

「それだから、あなたがたに言っておく。何を食べようか、何を飲もうかと、自分の命のことで思いわずらい、何を着ようかと自分のからだのことで思いわずらうな。命は食物にまさり、からだは着物にまさるではないか。空の鳥を見るがよい。まくことも、刈ることも、倉に取り入れることもしない。それだのにあなたがたの天の父は彼らを養ってくださる」

なぜなら、それこそグアラニ族の生活そのままであったからだ。彼らはこのような現世的必要物で思いわずらったことはない。食べ物も、飲み物も自然が与えてくれたし、着るものは裸だからいらなかった。

イエスはまた「この世に宝をたくわえるな。あなたの宝のある所に心もある。神と富とに兼ね仕えることはできない」と教えたが、グアラニ族には、他のインディオと同じく、私有財産の観念がなく、富を蓄えるという習慣がなかった。

このように、グアラニ族の精神生活にはキリスト教を受け入れやすいものがあったのである。しかし、それを受け入れるにあたって、宗教の要素的置きかえ、つまり習合が行なわれたため、彼らのキリスト教の中には、いまでも部分的に民族宗教的なものが残っている。たとえば、トリニダの教会の横のクロイスターの部分に奇妙な男女四面像がある（次ページ）。この像には上のほうに小さな穴があいていて、そこに指を突っ込んで祈ると活力がわくという言い伝えがあったというが、これなどは明らかに民族宗教の名残りであろう。

もっともこれは、グアラニのキリスト教にだけいえることではなく、新世界のキリスト教一般についていえることである。あの有名なメキシコのグアダルーペの聖母マリアが、アステカの母神トナンツィン崇拝の衣鉢をつぐものであることなど、その典型である。しかし、こんなことをいい出すと、ヨーロッパのキリスト教にはゲルマンの民族宗教と習合を起こしている部分があるし、古

トリニダ教会の回廊の部分（写真通路中央）に見えているのが、男女四面像。指を突っ込んでポーズを決めているのは、当時のトリニダ遺跡の管理人。Ⅱ章の扉写真（31ページ）では、立花さんと一緒に、三位一体像を外に運んでくれた人。南半球はこの時、12月で真夏だった。僕の3度目のパラグアイ訪問時は8月の真冬。服装を比べるとよくわかる。立花さんの原稿部分に合うように、モデルになっていただいた。

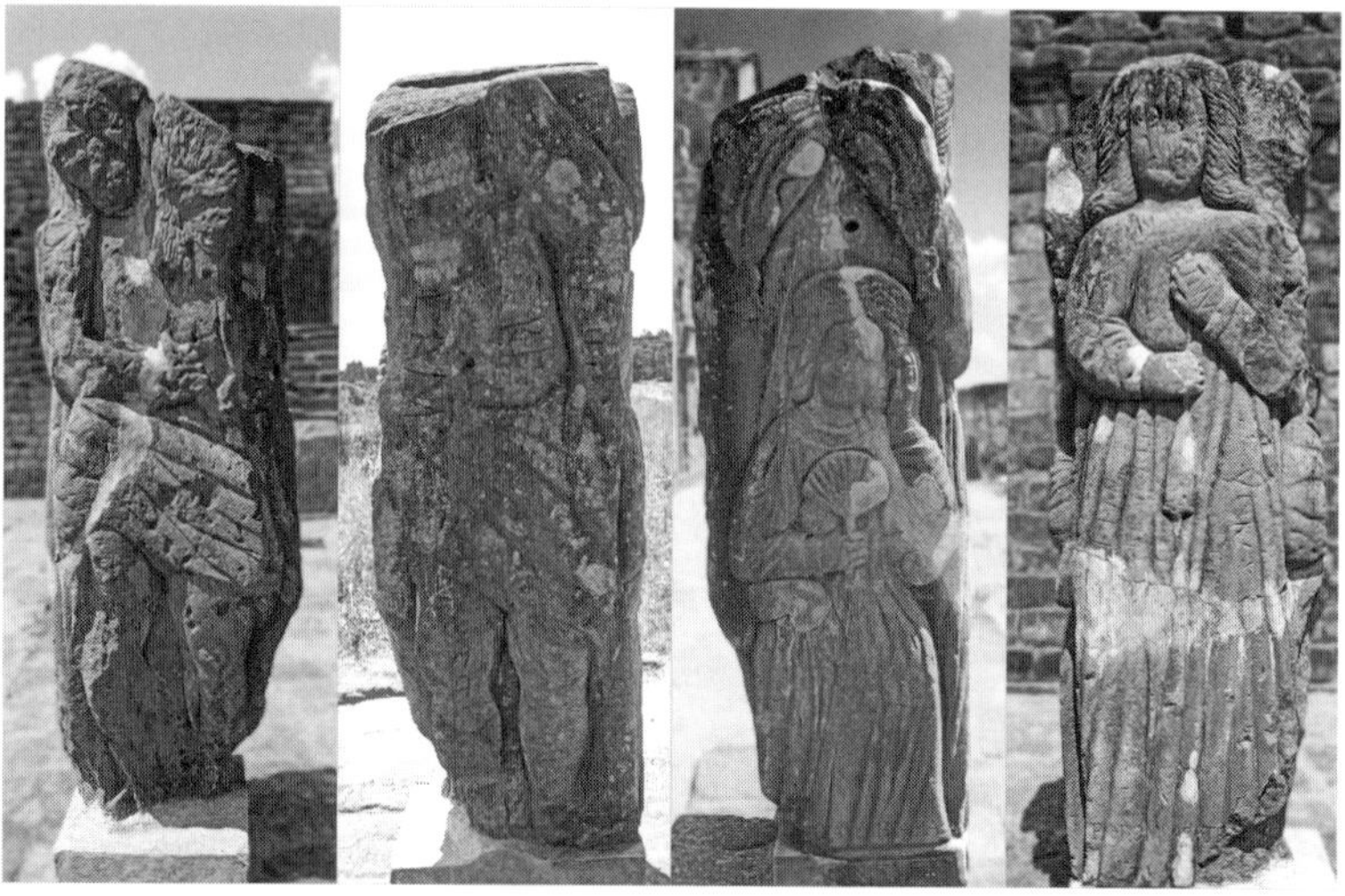

来、あらゆる宗教が伝播していく過程で、地域地域の民族宗教と何らかの習合を起こしているのだから、あまり目くじらを立てるべきことではない。

ともかく、グアラニ族がキリスト教を受け入れる素地を持っていたのがよかったのか、グアラニ族に対する伝道はかなり順調に進んだ。順調にとはいっても、やはり相当の時間がかかったし、伝道士の苦労もなみたいていのことではなかった。

イエズス会の南米における最初の殉教者

伝道がはじまってごく初期のころ、パラナ河下流のほうで布教をつづけていたロケ・ゴンザレス神父は、イエズス会のパラグアイ管区長宛てに、次のような手紙を書いている。このころこの地方は、天然痘の流行と、大飢饉の発生で、死者が沢山出ており、伝道は困難をきわめていた。天然痘と飢饉は、伝統宗教を捨ててキリスト教に走ったために神々が怒ったのだと説く呪術師がおり、それを信じるインディオたちもかなりいた。

「死んでいく人々に洗礼を授けていくことが、私たちのこの試練をなんとか耐えさせてくれる慰めです。生きのびていくために、私たちは木の根を食べますが、それは有毒なので、まずよく煮なければなりません。晩まで食べる物が何もない日が続きます。そんな時はインディオの戸々をまわって、食物を乞うのです。私たちは、来る日も来る日も汗にまみれて一日中働きます。衣服は三週間あるいはそれ以上も着替えず、朽ちて破れていきます。洗濯などする時間もないからです。馬もみな死んでしまい、たびたび一日に何マイルも歩きます。このような困難に加えて、さらに私たちを深い悲しみに陥らせるのは、ここの貧しい人々を襲う突然の死です」(『鷲の翼　イエズス会聖人の生涯』)

このロケ・ゴンザレス神父は、イエズス会の南米における最初の殉教者となり、後に聖者に列される人である。彼はいま残っていないものも含めて、合計一一の伝道村の基礎を築き上げ、伝道村の父とも呼ばれる存在である。伝道村の基本的骨格は彼が作ったといってもよいだろう。その業績を記念して、いまサン・イグナシオ・グアスの町(ここも彼が作った伝道村である)の広場に、大きな像が立っている。

ゴンザレスは一五七六年アスンシオン生まれのスペイン人だった。新大陸のスペイン人も二世、三世の時代に入っていたのである。アスンシオンでは、グアラニ族の奴隷がよく使われていた。彼の家はアスンシオン随一の名家(後に兄がアスンシオン総督となる)だったから、当然彼の家でもグアラニ族の奴隷を使っていただろう。だから彼はグアラニ族をよく知っていた。

彼らがどういう性向の人種で、何を好み、何を尊重し、何を嫌うかを知っていた。そういった知識が彼の伝道を有利に導いたのだろう。イエズス会の伝道方針は、宗教の原則に反しないかぎり、何でもインディオの好みに合わせることを優先させるということだった。そのような方針の下では、彼のような知識を持っている者が先頭に立つことが必要だったのである。

彼はただの神父ではなく、ルネサンス的総合能力を持った人間だった。何でも自分でできたのである。神父であるほかに、建築家であり、大工であり、農業指導者であり、学校の先生であった。

しかも、いずれも指導するだけでなく自分が率先して働いた。一一の伝道村は、彼が先頭に立って自ら作っていったのである。そして、たとえばインディオの家を作るとき、その設計にしても、休みの日のレクリエーションにしても、彼らの好みを確かめて、それに合わせたものを設定していった。宗教儀式においても、できるだけ彼らの好みを取り入れた。いまでもパラグアイのカトリックには独特の様式が幾つか見られるが、それはたいていこの時代の伝道村で確立した様式なのである。それは、クリスマスの飾りつけから、葬式の行列にまで及ぶ。

伝道村時代に作られた見事な群像

パラグアイでは、クリスマスに飾るのはクリスマス・ツリーではなく、降誕の場面をミニチュアの人形を使って、立体的に表現したものである。ベツレヘムの山野と馬小屋がミニチュア模型と実際の植物や砂、岩、土などを用いてジオラマ風に立体的に構成され、その中に聖母子はもちろん、羊飼いや東方の三博士など、すべての登場人物が、一つ一つ人形に登場する。これはおもちゃとして飾るのではなく、信仰の対象として飾る。だから、この前では皆十字を切っておがむのである。

小さいものは日本の箱庭くらいだが、大きいものは小さな部屋がいっぱいになるくらいの大きさがある。これが各家庭で作るのはもちろん、教会でも、学校でも、商店でも、ホテルでも、皆競って素晴しいものを作り、それを皆が見られるところに飾りつける。これが皆なかなかよくできていて、見ていて実に楽しい。クリスマス・ツリーなどいかに飾りつけに凝ってみたところで、できあがりはたかが知れているが、こちらは工夫のこらしようが無限にある。芸術的に見事なものもあれば、子供が作ったほほえましいものもあり、見ていて本当にあきない。世界中のクリスマスで飾りつけの楽しさではパラグアイが一番である。

伝道村時代に作られたこの飾りつけのための群像が二組残されている（口絵13）。一つはサンタ・マリアにあり、もう一つはサンチアゴにある。ニュアンスはちがうが、いずれも見事な群像である。どちらも博物館にならべられているから、群像だけが裸で置かれているが、実際に飾るときには、これも山野を作り、馬小屋を作るなどしてその中に飾るのである。サンタ・マリアのもので、特に注目に値するのはマリア像である。写真ではよくわからないかもしれないが、このマリアの顔が実に美しい。小品だが、この時代を代表する作品である。

次に注目すべきは、動物たちである。この素朴な表現が何ともいえずよい。面白いのは、中央右よりにある見慣れない動物である。これは何だと博物館の人に聞いたら、河豚だという。河豚と書いても「ふぐ」とは読まず、「かわぶた」と読んでいただきたい。河のほとりに住む野生の豚なのだという。南米ではポピュラーな動物だというので、サン・パウロの動物園に行ってみたら、なるほど何頭もいた。産地がちがう亜種が沢山あったから、相当あちこちにいるようである。ジャングル時代のインディオにとっては、これは最も親しみがある動物の一つだった。インディオにはパレスチナの自然がどういうものか想像もつかない。自然は世界のどこでも同じであるはずだと思って、河豚にもイエスの誕生礼拝に駆けつけさせたのだろう。

ちなみにここに置かれている赤ちゃんのイエス像は本物ではない。本物はなくなってしまったの

「イエスの降誕の場面」をミニチュアの人形を使って、玄関先に飾る少女（右上）。立花さんのお気に入りはサンタ・マリアにあった降誕場面（中）。現世では、一見静かで寂しそうな感じの女性が好みだった立花さんは、このマリア像の顔に一目惚れ。原稿にはマリア像の顔が「写真ではよくわからないかもしれない」と書いていたが、同じ場所にいてもやはり観察力が違う。プロの意地もあり、マリア像の顔と河豚の再撮影に行った（左上・下）。

で、代りに小さな赤ちゃん天使像を置いてある。

ロケ・ゴンザレスは、一六二八年、一一番目の伝道村、カアロの教会を建設している最中に、付近のインディオに襲われて、手斧で頭を砕かれ、他の二人の神父とともに殉教した。教会は火にかけられて焼失した。

カアロは、それまで伝道村があった地域からずっと南に下り、ウルグアイ河を渡った対岸の密林の中にある。イエズス会はそれまでインディオ以外の人が全く足を踏み入れたことがないこの密林の中に新しい伝道村を作ろうとしたのである。

自ら苦難と殉教を求める宗教的情熱

この地域のインディオの間で崇拝されていた呪術師にネズという男がいた。ネズは、カアロをはじめ近くに幾つかの伝道村ができて、その影響力が拡大しはじめるのを恐れた。呪術師にとって、キリスト教は新しい神を持ち込み伝統宗教を破壊し呪術を否定する敵であった。ネズは、伝道村の外のインディオを呼び集め、いま伝道村を破壊しないと神のたたりがあるとおどかした。怒った神は洪水と飢饉と疫病と獰猛な野獣をインディオたちに送るだろう。それがいやなら、いますぐ伝道村を襲い、神父を殺し、教会を焼き払えと命じた。その命に応じて、カルベという酋長とその一族がカアロの伝道村を襲ったのである。

ゴンザレス神父は、暗殺者にグアラニ語でこういった。

「お前たちを愛しているのに、なぜこんなことをするのか。私の肉体は死んでも、私の魂は天で生きている。自分は必ずこの伝道村に戻ってきて、伝道村を作る使命を果す」

カルベはゴンザレス神父の身体を切り開き、その心臓を取り出すと、火をかけた教会の燃えさかる炎の中に投げ込んだ。しかし、その心臓は教会が燃えつきてもなお焼けずに鼓動をつづけていたという。この奇蹟を見て、神父を殺したインディオたちは恐れおののき、自分たちが殺したのは神の使いであったことを悟り、キリスト教に改宗したと伝説は伝えている。どこまで本当かはわからないが、ある程度の事実関係はあったのだろう。奇蹟が起きたというので、ゴンザレス神父を殺した手斧と、燃えなかった心臓はローマに送られ、法王庁で奇蹟と認定された。それはしばらくローマで保管されていたが、いまはパラグアイに戻されて、アスンシオンのクリスト・レイ・コレヒオの殉教者礼拝堂に飾られている。

私はブラジル最大の遺跡であるサン・ミゲル（口絵31）を訪ねる途中、カアロに寄ってみた。カアロには、伝道村の名残りを伝えるものは何もない。殉教者を記念する小さな教会が建っているだけである。教会の庭先に大きな石碑があって、殉教者の事蹟が記してあった。ゴンザレス神父と共に殉教したアルフォンソ・ロドリゲス神父は三〇歳だったが、若いときから伝道で殉教することに憧れ、より危険で、より困難な使命が与えられることを常に求めていたという。

当時のイエズス会士には、このように、自ら苦難を求め殉教を求める宗教的情熱があった。そのような激しい情熱に燃える人間の集団であったから、イエズス会は少人数でもあれだけの力を持ちえたのである。イエズス会の会員は最盛期でも二万人はいなかった。一七六七年にスペインでイエ

アスンシオン市にある「クリスト・レイ」学院の教会（右上）。礼拝堂（中）には弓矢が刺さった心臓をもつ聖ロケ・ゴンザレスの肖像画（左上）や、1628年の殺害に使われた凶器の石の斧、炎の中に投げ込まれても燃えなかった心臓が、鍵のかかったガラスケースに安置されていた。よく見ると心臓の真ん中には矢が刺さった跡が、確かに残っていた（下）。

ズス会追放令が出たとき、スペイン全土ならびに全世界のスペイン植民地で対象となったイエズス会士は六〇〇〇人しかいなかったのである。そのうち南米にいたのは数百人だった。

信仰と愛と正義にもとづく神の王国

パラグアイの伝道村に入ったイエズス会士は、通算一五六五人しかいなかった。一六〇年でそれだけである。しかしこれは、選りすぐられた人々だった。イエズス会では、海外布教に、特に選ばれた優秀な者だけが出された。パラグアイの伝道村の場合、赴任希望者は通算一万四〇〇〇人あったが、そのうち前記した一五六五人しか選ばれなかったのである。彼らがいかに優秀であったかは、そのうち落伍者が〇・四%しか出なかったことでもわかる。落伍した者わずか六名。うち二人は絶えざるパウリスタの襲撃に恐怖して不眠症などの神経症状を起こした。一名は神経衰弱にかかった。もう一名はグアラニ語がどうしても覚えられなかった。あと二名については原因がよくわかっていない。

パウリスタの襲撃で不眠症になった者が二人もいることでわかるように、やはりパウリスタが伝道村にとって最大の脅威だった。伝道村の殉教者は、前述した三人の神父の他に二三人、計二六人いるが、そのほとんどがパウリスタに殺されている。残りのごく少数がゴンザレス神父のように伝道村に反感を持つ同国人インディオによって殺されたが、当の伝道の対象としたインディオから殺されたという例は一つもない。そこまでいたらなくても、伝道村で神父に対する反抗があったという例もない。だいたい一つの伝道村には、平均三〇〇〇人前後のインディオが住んでいたが、神父は二人ないし三人しかいなかった。イエズス会の管区本部があったカンデラリアと神学校があったヘススなどには例外的に一〇名以上の神父がいたが、あとはどこでも二、三人だった。もしインディオに不満があれば、神父は武装していないのにインディオは武装していたから、神父を殺すことなど簡単だったはずである。神父を殺さなくても、逃げ出そうとなどいくらでもできたはずである。しかし、六〇年間にわたってただの一度もそのような不祥事は起きなかった。その一事をもってしても、インディオとイエズス会神父との間がいかにうまくいっていたかがわかると、前述のバルトメウ・メリアはいっている。

イエズス会はインディオを専制的に支配し搾取していたなどという主張が今でもときたま見かけられるのだが、それに対する反語である。たった二人ないし三人の武力を持たぬ人間が、三〇〇〇人を専制支配することなどできるわけがないのである。コロンブスのアメリカ発見以来、いかにラテンアメリカが収奪されつづけてきたかを徹底的に暴き糾弾したことで有名な『収奪された大地―ラテンアメリカ500年』の著者エドゥアルド・ガレアーノが、その収奪の歴史の中で唯一の例外としてあげているのは、このパラグアイの伝道村である。イエズス会はヨーロッパでは保守反動で、「中世的秩序の擁護者」であったかもしれないが、ラテンアメリカにおいては、「模範的な自己犠牲と禁欲主義を通して」最も高い水準の「進歩的な活動を展開した」とガレアーノは評している。一六〇年間の伝道村の活動の実績そのものが、「創造者たちの目的が正当なものであることを明らかに」する証明でもあるという。実際その通りであって、事実を重んじるかぎり、インディオの収益に反する伝道村で行なわれたという例は何一つないのである。

ヨーロッパにおいては、世俗的な権力抗争にまき込まれたりする不純な神父も少なくなかったが、このパラグアイにおいては、皆ひたすらに純粋に、信仰と愛と正義にもとづく神の王国を作ろうとしていたのである。インディオはラテンアメリカ全域にわたって、収奪と奴隷化の危険にさらされていた。ポルトガルの奴隷商人とスペインのエンコミエンダ制と、周囲から二重の圧迫を受けて追い立てられるインディオに、彼らが安心して自立して生きられる道を与えるために作られたのが伝道村である。ロケ・ゴンザレス神父は、兄への手紙の中でこう記している。

「私たちは正義のために働いているのです。インディオたちは、厳しい奴隷状態の中で生きています。インディオはその奴隷状態から解放されるべきです。神の教えも、自然法の命ずるところも、人間の作った法律も、すべてがインディオの解放に正義があることを支持しています」

(『CONQUISTADOR WITHOUT SWORD The Life of Roque González, S.J.』)

植民者たちが伝道村の最大の敵に

スペイン国王もこのような考えを支持したから、パラグアイにイエズス会による独占的インディオ保護区(行政的には伝道村はそうなっていた)の設定を許したのだった。植民地のスペイン人はもっぱら世俗的利益を追っていたために、インディオの奴隷化を求めつづけた。しかし、国王は世俗的動機と同時に聖なる動機をもって新大陸の植民地を見ていた。インディオもまたスペイン国王の臣民であり、その福利をはかり魂の救済をはかることは王たるもののつとめと認識していた。だから、王と植民者の間には、以前からインディオの扱いをめぐって、常にあつれきがあった。初期の奴隷制を廃止して、エンコミエンダ制に移行したのも、その目的は、インディオの福利と魂の救済にあったことは前述した通りである。しかし、実際には、植民地はこの制度を換骨奪胎して、実質的な奴隷制、封建領主制として機能させていたことは前に述べた通りである。インディオを自由に生活させたら、生産的な活動を何もしないで遊び暮してしまうという実験結果から、王もエンコミエンダ制を黙認していた。王にとっての世俗的富の源泉は税金にあった。解放したことで、植民地の経済が崩壊し、植民者も税金を払えず、インディオも払えずということになっては困るというのが、エンコミエンダ制との妥協の理由だった。だから、インディオを解放して、インディオが経済的に自立し、彼ら自らが税金を払ってくれるようになれば、国王にとってこんないいことはないのである。そのいい話を実現してくれたのがイエズス会の伝道村だった。後に述べるように、伝道村は経済的に大変な成功をおさめ、国王にちゃんと税金を払いつづけたのである。だから国王は一六〇年間にわたって伝道村を支持しつづけたのである。またこの成功が植民者たちの怨嗟《えんさ》を買うもとになった。それは、インディオは経済的に自立できないから、自分たちが奴隷として使うのが一番いいという彼らの百年来の主張に対する事実をもってする反論だったからである。かくして植民者たちは、伝道村の最大の敵になっていく。しかし、それはもう少し先の話で、いまのところ、最大の敵はパウリスタである。パウリスタの攻撃は、パラナ河上流に作られたグアイラ地方の伝道村に対して特に激しかった。ここはサン・パウロから直線距離で一〇〇〇キロくらいしか離れていなかったから、パウリスタは繰り返し波状攻撃をかけてきた。

この地に、イエズス会最初の伝道村ロレトが作られ、その後順調に発展して一一の伝道村ができたのだが、一六二〇年代後半になってパウリスタの攻撃は特に激しくなり、一六二七年から三一年にかけての四年間で、六つの伝道村が全滅させられ、神父は殉教し、インディオたちも捕まって殺されるか、奴隷に売られた。

ここにいたって、イエズス会もついにこの地域を放棄することにして、一六三一年、ルイス・デ・モントーカ神父の指導のもとに、一六〇〇キロ下流の、現在アルゼンチンのミシオネス地方になっている地域に移住することにした。このあたりは、先に述べたゴンザレス神父などの努力によって、すでに沢山の伝道村ができており、安全性が一番高い場所だった。

編集部注・本稿は講談社で刊行予定だった写真集『インディオの聖像』のために、一九八〇年代の末から九〇年代のはじめにかけて書かれたものである。いったんは印刷所に渡され、校閲も読んだ初校ゲラになっていたが、そこで立花氏の作業が止まる。キリスト教世界と正面から向き合う内容だけに、さらに改稿の意図があったと思われる。その後の立花氏のエッセイなどにも、死ぬまでに完成すべき本として挙げられていることから、そのことは推測できる。しかし、立花氏の急逝により、本稿は未完となった。佐々木氏が保管していた三〇年以上前の直筆原稿ではあるが、立花氏のキリスト教観の一端が現れている貴重な文章であるため、今回、ご遺族の了承を得て、出版することとした。

あとがき

佐々木芳郎（写真家）

一九八六年の暮れから八七年にかけて、僕は立花隆さんと南米に旅立った。立花さん四六歳、僕二七歳、今から三五年前の話である。

この二一日間にわたる撮影・取材の成果は、『神の王国イグアス紀行』（文藝春秋一九八七年五月号）、『立花隆が訪ねた「神の国」』（週刊文春同月一四日号）や『インディオたちの聖像　ラテン・アメリカのキリスト教美術』（月刊太陽一九八七年八月号）で発表された。特に『神の王国イグアス紀行』は、書籍『思索紀行』（書籍情報社二〇〇四年）、現在はちくま文庫『思索紀行―ぼくはこんな旅をしてきた』（二〇二〇年）に転載されている。

「こうして、昨年の暮れから今年の正月にかけて、ブラジル、パラグアイ、アルゼンチンの三国をまわり、計九ヵ所のイエズス会伝道村の遺跡をカメラマンの佐々木芳郎さんとともにまわってきた。〜中略〜実は向うについて間もなく、これはとても単発の雑誌記事ですむ仕事ではないということに気がついた。思いは佐々木さんも同じだった。旅の途中から、佐々木さんと私は、これは写真をたっぷり入れた本を作るほかないという結論に達していた」（本文より）

立花さんの原稿に、僕が撮影した写真を入れて、本を作ることになったのである。

当時の僕は、雑誌のカメラマンとしてマスコミに携わり三年目。フォトジャーナリストを志す人間にとって、立花さんは大変興味深い人物であった。僕はできることなら一緒に仕事をしたいと願っていた。その僕の執念が通じ、担当編集者の心を動かし実現した同行取材は、寝食をともにする海外であった。ところが帰国後、自分の撮影した写真を見て、これは本を作るレベルのクオリティに達していないと気づき愕然とした。

僕は半年後に、自費で再撮影に出かけた。そもそも一度の撮影で立花さんと本を一緒に作ろうと思うほうが間違いなのである。

イグアスの滝でずぶ濡れになった立花さん。食事のメニューを決めるのに10分はかける。ワイン談義に花が咲き1度だけ酔い潰れたことがあった。

再撮影時には、黒のバック紙や大型ストロボ等を日本から持参した。通訳の宮崎祐里さん（左）、レンタカー屋の窓口にいて急きょ運転手にスカウトしたミゲル君も、カメラ屋さんでの勤務経験があり、2人の助手には大いに助けられた。

立花さんとの旅で直接教わったこと

この同行取材で僕が立花さんから学んだことは、その後の仕事に大いに役立ったし、今でも取材のバイブルだ。事件が起こり調査報道をする場合には、最初に、

一、時系列の年表を作ること。

二、大きな紙に相関図を作成し、書き込んでいくこと。

三、取材の原点（事件などの出発点）と、原典にあたること（特に資料・引用文献）。

四、すべてをそろえてから分析し、書くのは最後でいい。書き出しのプランが浮かべば、あとは書くことができる。

また、裏技も教わった。海外では自分で取材ノートを取るのは当たり前だが、僕のように一人で写真を撮り記事を書く場合には、通訳の人にメモを取ってもらうほうが便利であり、撮影にも集中できる。この教えは半年後の再撮影でさっそく活かされた。彫刻物の由来や名前や寸法などを、実際に通訳の人にメモしてもらった。現地の事情に精通する人のメモは、正確で確実だった。

二度目の南米訪問時には、現地取材や撮影の許諾を得やすくするため、パラグアイの首都アスンシオンでカメラマンになって初の写真展も開催した。大統領以外の閣僚が参列した開会式典は、新聞・テレビで放映され、さらにパラグアイ政府観光局長のエスコバール氏より、思いがけない提案

を受ける。「実は来年五月にローマ教皇ヨハネパウロ二世が南米を訪れる予定で、パラグアイ訪問のタイミングは彼のお誕生日前後になるだろう。その時に君がパラグアイで撮影した写真集をパパに献本するのはどうだろう」と耳打ちされたのだ。帰国後、僕は大喜びで再撮影したポジフィルムを持って、シェ・タチバナ（立花さんの自宅）へ訪問。新たに撮影した作品を見せながら報告した。何としても九ヵ月後のローマ教皇の謁見に向けて、「写真集を完成させよう！」と盛り上がり、二

予定されていたテレシータのミサでの謁見と『インディオの聖像』を献本するイベントが中止となり、僕は空港に先回りすることにした。そして空港でタラップに上がりかけたローマ教皇ヨハネパウロⅡ世に「パパ！これ大阪から持ってきてん！プレゼントの本」と大阪弁で叫んでしまった。すごく興奮していたのだろう。ローマ教皇は振り返り、写真集を受け取り、にっこり微笑んで、お付きの人にロザリオを用意させ、僕にそれを差し出した。後日ローマ教皇庁よりお礼状が届く。

人で赤ワインを飲み干した。

立花さんの転換期でもあったこの時期

ところが、である。立花さんは、このころちょうど田中角栄関連から解放された時期で、どんどん他の原稿依頼が入り、また自分が書きたいテーマを追いかけられるようになった転換期でもあった。当然書き下ろしになる『インディオの聖像』のほうはなかなか進まない。この辺をもうちょっと調べてから、とか、ここは調べが足りないなどとやっているうちに、本の出版がローマ教皇の歴訪までに間に合わないことがわかった。

僕は講談社の担当編集者の立脇宏さん（故）に泣きついて、立花さんの原稿部分が白紙の、写真のみ印刷した『インディオの聖像』を四冊作ってもらった。この文字のない写真集の一冊はローマ教皇ヨハネパウロ二世が持ち帰り、バチカンに所蔵されている。あとの二冊は、パラグアイ大統領ストロエスネル氏（クーデターによりブラジルに亡命）と観光局長に贈り、そして最後の一冊は僕が保管している。このことも立花さんはまるで他人ごとのように「活字の部分が全部白紙という本を受け取ったのは、ローマ法王もはじめてだったろう」と、朝日新聞のコラムに書いていた。そして、そこで原稿は止まってしまった。

いま僕の手元には立花さんが遺してくれた直筆原稿と、タイプされた初校済みの原稿が残っている。ペラ（二百字詰め）原稿用紙にして三〇五枚の途中で終わってはいるが、一区切りがついたところである。かつて立花さんに、「このままやったら、追悼写真集になってしまいますやん」と何度か原稿を催促した際に話したことがある。いつも最後に立花さんは、「アータね、今から三〇〇年前の南米のジャングルでの話なんだから、一〇年二〇年すぎても、微々たることなんだよ」と言った。そのすごい説得力に思わず納得したものだ。

二〇二一年四月三〇日に立花さんは急性冠症候群で亡くなった。そして、生前の冗談話が、本当

バチカン以外に現存する幻の写真集『インディオの聖像』。立花さんの未完原稿には、冒頭から余白に「写真、教会」と指示。本文中に写真をたっぷり使う意気込みが感じられる。

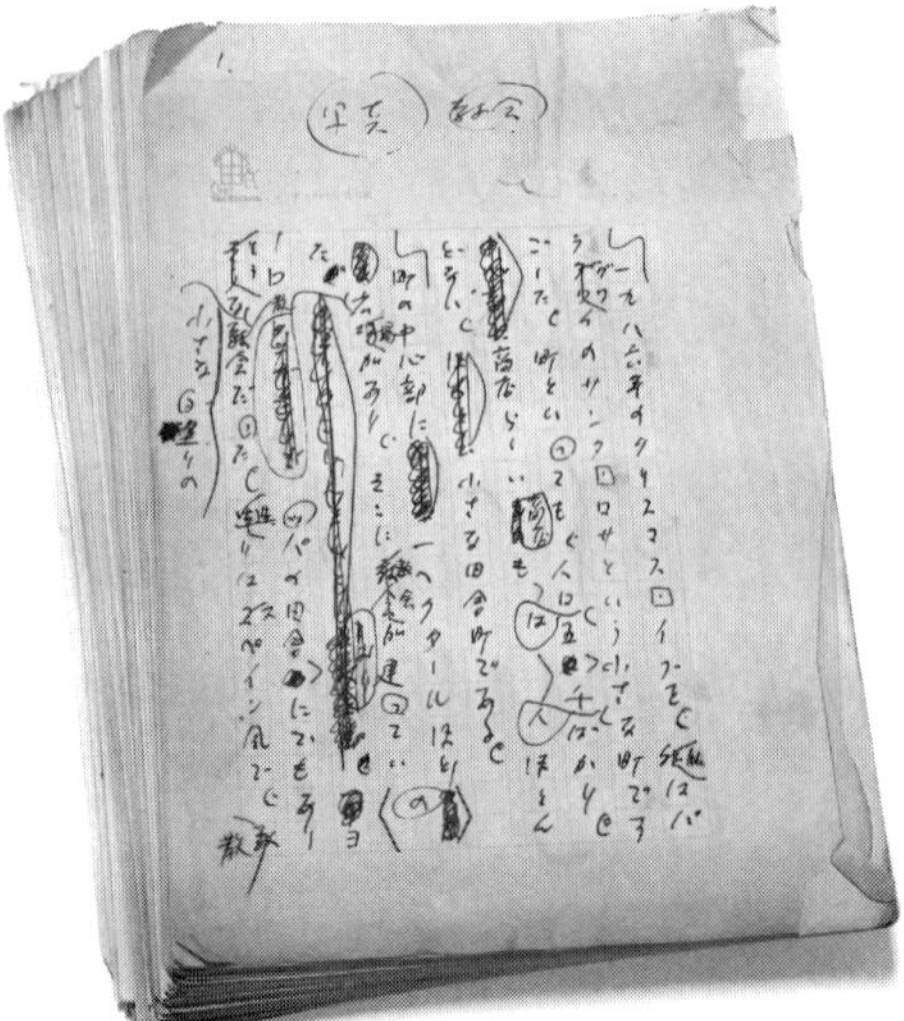

のことになってしまった。しかし僕は立花さん亡きいま、必ずやこの預かっている原稿を完成させ、樹木葬によって埋葬された立花さんが土に還ってしまわないうちに、『インディオの聖像』の出版をやり遂げようと思った。

この三五年間の歳月は、当時の僕ではわからなかったことをたくさん気づかせてくれた。今回、未完原稿のつづきのヒントを得るために、立花さんが、南米アマゾン奥地のシャバンチーナを訪れ、シャバンテ族ベンジャミン酋長にインタビューをする映像を見直した。

立花さんは、「コロンブス発見以来の五〇〇年は、文明社会が、インディオの社会を侵略してくる過程だったと思うが、どう考えているのか」と尋ねていた。これに対して、ベンジャミン酋長は「もし利口なインディオがいて、そこにコロンブスが来たとする。インディオはその場でコロンブスを殺しただろう。そしたら新大陸発見の知らせは、ヨーロッパに届かなかっただろう。アマゾンはいつまでも平和だったろう。やつらは、来ない方がよかった」と、コロンブスが招かざる客であったと語った。近代文明社会全体を否定する酋長の言葉に、立花さんは驚いていた。コロンブスの「新大陸発見」は、インディオ側からすれば「到達」であり、彼らは、その遥か昔からこの地に存在していたのだから……。

僕は原稿を整理していくうちに、より理解を深めることができた。南米における「魂の救済」の名のもとに行われたキリスト教布教の歴史は、スペイン・ポルトガル国家の植民地支配を正当化するものであり、人種差別や民族間闘争、貧富による南北格差の問題へとつながったのだ。

まだまだ知りたい、調べたい。立花さんが三四年も原稿が遅れた理由が、少しわかった気がした。

立花さんをはじめて撮影したのは、太平洋上空だった。ものすごいスピードでゲラや資料を読んでいた。ネコビルへ移転前の立花さんの仕事部屋で、週刊文春「仕事場探検隊」の撮影。

立花さんへ。

実質的に立花さんの生原稿最後の本『インディオの聖像』は、僕にとって〝残り福〟的な光栄なる仕事だと思っています。

立花さんの原稿用紙の指示通りに、たっぷりと写真をかぶせて構成しました。

これは、立花さんが僕に与えた「聖なる実験」の宿題だったのですよね？

宿題をやり遂げたいま、僕の青春がやっと終わったなと思います。

参考・引用　文献一覧

●『コロンブス航海誌』クリストーバル・コロン 著／バルトロメー・デ・ラス・カサス神父 要録／林屋永吉 訳■岩波文庫（一九七七年）

●『スペインの新大陸征服』ルイス・ハンケ 著／染田秀藤 訳■平凡社（一九七九年）

●『征服者と新世界　大航海時代叢書（第II期）12』「コルテス　報告書簡」エルナン・コルテス 著／伊藤昌輝 訳／増田義郎 解題・注／「ペルーおよびクスコ地方征服に関する真実の報告」フランシスコ・デ・ヘレス 著／増田義郎 訳・注■岩波書店（一九八〇年）

●『ヌエバ・エスパーニャ布教史　大航海時代叢書（第II期）14』モトリニーア 著／小林一宏 訳・注■岩波書店（一九七九年）

●『世界の名著19　エセー』モンテーニュ 著／荒木昭太郎 責任編集・訳■中央公論社（一九六七年）

●『航海の記録　大航海時代叢書I』アメリゴ・ヴェスプッチの書簡集「新世界」ならびに「四回の航海において新たに発見せる陸地に関する書簡」アメリゴ・ヴェスプッチ 著／長南実 訳／増田義郎 注■岩波書店（一九六五年）

●『世界の名著17　ユートピア』トマス・モア 著／沢田昭夫 訳■中央公論社（一九六九年）

●『世界の歴史7　インディオ文明の興亡』増田義郎 著■講談社（一九七七年）

●『ユートピアの歴史』ジャン・セルヴィエ 著／朝倉剛 篠田浩一郎 訳■筑摩書房（一九七二年）

●『インディアスの破壊についての簡潔な報告』ラス・カサス 著／染田秀藤 訳■岩波文庫（一九七六年）
●『収奪された大地―ラテンアメリカ500年』エドゥアルド・ガレアーノ 著／大久保光夫 訳■藤原書店（一九九一年）
●『アリストテレスとアメリカ・インディアン』ルイス・ハンケ 著／佐々木昭夫 訳■岩波新書（一九七四年）
●『新世界のユートピア』増田義郎 著■研究社叢書（一九七一年）
●『ロヨラのイグナチオ　その自伝と日記』A・エバンヘリスタ 佐々木隆 訳・編■桂書房（一九六六年）
●『霊操』イグナチオ・デ・ロヨラ 著／門脇佳吉 訳・解説■岩波文庫（一九九五年）
●『聖書』■日本聖書協会（一九八七年）
●『EL GUARANÍ CONQUISTADO Y REDUCIDO』Bartomeu Meliá（一九九七年）
●『鷲の翼　イエズス会聖人の生涯』F・コールリー　R・ウィルメス 著／杉原法子 訳■新世社（一九八六年）
●『CONQUISTADOR WITHOUT SWORD The Life of Roque González, S.J.』C.J.McNaspy, S.J.
■Loyola University Press（一九八四年）
●『神の王国イグアス紀行』■月刊文藝春秋（一九八七年五月号）
●『思索紀行』立花隆 著■書籍情報社（二〇〇四年）
●読書人の雑誌『本』■講談社（一九八八年六月号）
●『しごとの周辺「ローマ法王への献本」』■朝日新聞夕刊（一九八八年六月二三日付）

●『立花隆の書棚』立花隆 著■中央公論新社（二〇一三年）

●『インディオたちの聖像　ラテン・アメリカのキリスト教美術』月刊太陽　No.３１０号■平凡社（一九八七年八月号）

●『マルチジャーナリスト立花隆さん』■スポーツニッポン（一九八七年二月二十日付）

●『波　二十テーマを如何に』■新潮社（一九八六年八月号）

●『二十歳の君へ　16のインタビューと立花隆の特別講義』東京大学立花隆ゼミ・立花隆 著■文藝春秋（二〇一一年）

●『立花隆の25年』■立花隆出版記念会事務局（一九九三年）

●『女50歳からのわたし探しのロンドン留学』橘雅子 著■講談社（一九九九年）

●『飛鳥への伝言　がん宣告の母から息子への50通の手紙』橘雅子 著■講談社（二〇〇〇年）

●『PARACUARIA』■Mathias-Grünewald-Verlag（一九八二年）

●『LOST CITIES OF PARAGUAY』C.J.McNaspy, J.M.Blanch ■ Loyola University Press（一九八二年）

●『幻の帝国―南米イエズス会士の夢と挫折』伊藤滋子 著■同成社（二〇〇一年）

●『教会の聖人たち』（上・下巻）池田敏雄 著■中央出版社（一九七七年）

●映画『ミッション』（The Mission）■ワーナー・ブラザース（一九八六年）

装丁　関口聖司

写真レイアウト
地図製作　佐々木芳郎

立花 隆 Takashi Tachibana
1940年長崎県生まれ。64年東京大学文学部仏文科卒業後、文藝春秋新社入社。66年退社し、翌年東京大学文学部哲学科に学士入学。在学中から文筆活動を始める。74年『文藝春秋』に発表した「田中角栄研究─その金脈と人脈」は時の総理大臣を退陣に追い込み、社会に大きな衝撃を与えた。その後も旺盛な執筆活動を続け、「知の巨人」と呼ばれた。2021年4月30日、急性冠症候群のため死去。享年80。

佐々木芳郎 Yoshiro Sasaki
1959年大阪府生まれ。関西大学商学部中退。80年写真事務所フォトライブを設立。82年大阪・梅田コマ劇場「ラ・マンチャの男」の舞台撮影でマスコミ界デビュー。83年マガジンハウスの特約カメラマンとなる。週刊文春、週刊現代などさまざまな雑誌で活躍。2006年からは米朝事務所専属カメラマン。現在はアイドルからローマ教皇まで、あらゆるジャンルをテーマに人物撮影や取材、書籍及び雑誌の企画・編集・執筆を行っている。

インディオの聖像《せいぞう》

2022年5月30日 第1刷

著　者　立花《たちばな》隆《たかし》・文　佐々木《ささき》芳郎《よしろう》・写真
発行者　大松芳男
発行所　株式会社 文藝春秋
〒102-8008
東京都千代田区紀尾井町 3-23
電話 03-3265-1211
本文印刷所　理想社
付物印刷所　大日本印刷
製本所　大口製本

ISBN978-4-16-391547-0